新媒体运营
从入门到精通

裴立超◎著

民主与建设出版社
·北京·

图书在版编目（CIP）数据

新媒体运营从入门到精通 / 裴立超著. -- 北京：

民主与建设出版社，2020.11

ISBN 978-7-5139-3264-6

Ⅰ．①新… Ⅱ．①裴… Ⅲ．①传播媒介－运营管理

Ⅳ．①G206.2

中国版本图书馆CIP数据核字(2020)第208238号

新媒体运营从入门到精通
XINMEITI YUNYING CONG RUMEN DAO JINGTONG

著　　者	裴立超	
责任编辑	李保华	
封面设计	久品轩	
出版发行	民主与建设出版社有限责任公司	
电　　话	（010）59417747　59419778	
社　　址	北京市海淀区西三环中路10号望海楼E座7层	
邮　　编	100142	
印　　刷	三河市金泰源印务有限公司	
版　　次	2020年11月第1版	
印　　次	2020年11月第1次印刷	
开　　本	710毫米×1000毫米　1/16	
印　　张	16.5	
字　　数	214千字	
书　　号	ISBN 978-7-5139-3264-6	
定　　价	48.00元	

前 言

Preface

新媒体的概念是什么？不同的人有不同的看法。较为常见的说法认为，新媒体是指以互联网、无线通信等技术为渠道，以电脑、手机和电视等为终端，为用户提供音频、视频、在线游戏等信息和娱乐服务的一种传播形式。当然，在未来，新的技术还会催生新媒体的新变化，因此，新媒体应该是一个不断变化的概念。

随着信息技术的不断发展，传统媒体越来越无法满足用户对多样化信息的需求，新的媒体形式应运而生。在这个过程中，传统媒体也在利用新技术实现自我变革和突破，以求更好地实现新的发展。

在报纸、广播、电视、互联网之外，新媒体被称为"第五大媒体"。现在，新媒体早已获得广泛传播。传统的报纸、广播和电视对人们的吸引力正在逐步降低，越来越多的人把时间用在互联网上，以互联网为代表的新兴媒体正在逐步成为最主要的媒体形式。

从全球范围来看，信息化已经成为时代发展的主旋律，各个国家都将发展信息技术作为主要战略目标。信息化技术的进步推动了新媒体的发展，在不断发展变化的过程中，新媒体也越来越多地影响着人们的生活。

新媒体不仅改变了人类的日常生活，更变革着人类的商业生活。作为一种新型的媒体形式，其商业运作模式还有许多值得探索的地方。近年来，新媒体行业已经日臻成熟，成功的新媒体运营者更是不断涌现。

新媒体以其创造财富的强大能力，让越来越多的人心向往之。随着自媒体平台的出现和发展，个人媒体时代宣告到来，这使得个人新媒体创业成为了可能。"微博大 V""抖音大神""直播大牛"，不同领域的 KOL 借助新媒体平台展现出强大的吸金能力。人们不约而同地发出感叹：新媒体就是财富！

"新媒体就是财富"，这句话说得一点没错。对于大多数人来说，从已经壁垒森严的商业社会中突出重围并不容易。金融、投资、物流、餐饮等，在这些已经成熟的行业体系中，后入场者很难有超越的机会。但新媒体行业则不同，这是一个全新的商业领域，虽然已经发展了多年，但其中依然有很多商业价值可以去挖掘。

现在的新媒体运营者就像是曾经的"淘金客"，只不过相比于"淘金"的竞争，新媒体行业的竞争更加激烈，也更加隐蔽。

拿起一支笔，写下几行字，就有创造财富的可能，这可以说是新媒体行业带给人的最大的刺激。但是，真正想要在新媒体行业扎根立足，真正想要依靠新媒体创造价值和财富的人，并不能仅仅依靠一支笔和几行字，而是要系统、全面地掌握新媒体运营的方法。

谈到新媒体运营，并没有一条直通"成功彼岸"的路径，更多的是要从众多市场经验和教训中进行总结，那些成功的、失败的案例都将会成为运营者学习的典范。从新媒体运营入门，到新媒体运营精通，运营者可能需要总结和分析成百上千个案例，才能够深谙新媒体的运营之道。

从企业和个人两个角度来讲，企业运营者希望通过新媒体来打造品牌销售产品。而个人运营者则更希望树立起良好的个人形象来获得粉丝。二者虽然在目标上有所不同，但需要探索的路径却都是一样的——那就是做好新媒体运营这项工作。

运营工作中包含许多细小的环节，每一个环节都可能影响运营的成败。在商业社会，"一失足成千古恨"这种事情每天都在上演。新媒体运营者想要做好运营这件事，就要做好细节工作，这样才能确保运营的效果。

从入门到精通，新媒体运营者有很多事情要做。考虑到不同的运营者对新媒体行业的了解程度有所不同，本书选择从新媒体的类型和历史开始讲起。在铺陈叙述完新媒体行业的发展历史后，才进入到新媒体运营知识的详细讲解中。这样做的目的就是让读者能够"知其然，更知其所以然"。

对于个人运营者，本书对当前行业中存在的自媒体平台进行了详细分析。从不同平台的注册方法，到内容创作的技巧，以及不同平台的审核机制和特征，都进行了详细分析与介绍。自媒体从业者可以从中对自媒体平台有一个全面了解。

当然，没有哪一种方法是适合所有运营者的。新媒体运营要考虑运营者个人的战略目标和现实情况，同时还要考虑当下的新媒体行业环境和现状，在综合考量这两方面因素后，才能够寻找到正确的运营方法。因此，本书中的运营方法和技巧，需要结合具体情境来应用。运营者应该在实际操作中融会贯通，这样才能获得良好的运营效果。

新媒体是一片蓝海，其中还有很多未知的财富等待运营者去挖掘。若以当前的眼光来看待新媒体行业，看到的只是当下的价值体现。如果能以更为长远的眼光去看待这个行业，所能看到的就会是整个行业新的商业未来。对于运营者来说，这是一种重要的能力。

新媒体行业依然在发展之中，其究竟会发展成什么样，没有人能够轻易断言。但可以确信的是，现在开始成为一位新媒体运营者为时不晚，新媒体行业中还隐藏着巨大的商业价值等待人们去挖掘。

本书《新媒体运营从入门到精通》分为入门篇、进阶篇、精通篇、实战篇四大部分，以理论和图解的方式来深度剖析新媒体的特点、策略、模式和作用等内容，并通过详细介绍多个新媒体案例，让读者全面掌握新媒体的运营技巧。

本书结构清晰、案例丰富、实战性强，适合新媒体运营人员或对新媒体感兴趣的其他人员阅读参考，同时也可以作为新媒体专业运营公司或大中专院校的培训教材使用。

书中难免错谬之处，敬请批评指正！

目　录
Contents

第二部分　进阶篇：新媒体运营成长之路

第三部分　精通篇：抓好要点，提升技能

第八章　新媒体时代的粉丝经济

第九章　内容定江山

第十章　新媒体未来演变趋势

第四部分　实战篇：多平台运营，全面覆盖

第十一章　"热"度无限的微博平台

第十二章　家喻户晓的微信平台

第十三章　风头正劲的直播和短视频平台

第一部分

入门篇：新媒体带来新风向

第一章 新媒体"新"在哪里

何为新媒体

新媒体，顾名思义，就是一种能将所有物体都当作媒体的环境形态。换言之，新媒体就是一种环境。

这种环境涵盖了所有数字化的媒体形式，包括传统媒体（书刊、报纸、广播、电视等）、移动端媒体（手机、电脑、车辆广告等）、网络媒体以及数字电视等。

与传统的报纸、杂志不同，新媒体是个十分宽泛的概念。它利用数字技术与网络技术，以人们的手机、电脑和数字电视为终端，通过互联网、卫星、无线通信网等渠道进行传播。因此，新媒体又被称作"数字化新媒体"。

为了适应日渐加快的生活节奏，也为了满足人们对休闲娱乐的追求，新媒体应运而生。它可以随时随地查询信息、了解新闻、表达沟通、提出诉求。对于传统媒体而言，以互联网为标志的新媒体更能满足人们的多样化需求。

随着时代的不断进步，新媒体也一直在完善自己。人们对新媒体的选择性和目的性，也促使新媒体行业更加细化。

从这个意义上说，新媒体必须具备以下几个特点。

一、有效价值

就媒体本身的意义来说，其载体需要有一定的受众。如果新媒体的受众数量过少，造成媒体成本高于受众所带来的商业效益，就不能让媒体形成有效价值。

举个例子，近几年由于新媒体的不断发展，市场上出现了百花齐放的局面。可经过市场的考验，能存活下来的新媒体却屈指可数。

究其原因，就是他们没有深入调查信息载体需要具备的价值。很多新媒体都是盲目复制成功媒体的理念，导致基本价值与实际市场不相协调。更有些新媒体的理念太过超前，忽视了与当前市场的适应程度。

二、 原创性

新媒体的重点并不在媒体，而是在"新"。既然新是重点，那就应当具备基本的原创性。这里说的原创性，并不是一般意义上个人作品的原创性，而是时代赋予媒体理念上的创造性。

新媒体需要适应飞速发展的时代，需要区别于之前时代的理念，在形式和内容上也需要不断地革新。

我们不难看出，最火的新媒体形式，都是比之前时代超前那么一点的形式。这里要注意度的把握。如果你的理念过于超前，就只能孤芳自赏；如果你的理念停滞不前，就会被市场无情淘汰。

可见，这"一点儿"的尺度是很难把握的。比如，分众传媒就是一种具备原创性的新媒体。它别出心裁地将原本的媒体形式，嫁接到一个特定的空间。这种原创就是属于一个时代的原创，也是新媒体理念创新中的典范。

聚众传媒也是具备原创性的新媒体，它将信息受众进行细化，这在当时也是一种具备创新性的进步。因此，它在媒体理念上同样具备一定意义的原创性。

三、 特定效应

自从 20 世纪 90 年代中期，网络接入我国后，新媒体就成了一种新型的信息载体，而且掀起了巨大的效应。这种效应改变了人们的生活方式，也推动着时代向前发展。因此，新媒体需要形成能掀起"效应"的特征。

举个例子，"分众无线"以手机信息为载体，用来传播广告信息。它虽然是手机屏幕上的广告，却形成了规模相当大的效应，甚至惊动了央视 315。

"分众无线"让人们的目光纷纷对准了无线媒体，而无线媒体市场空间的广阔，也让无数新媒体行业趋之若鹜。

四、生命力

作为媒体，就必须具有或长或短的价值体现，而价值的长短，便是新媒体生命力的体现。

近几年，我国的媒体行业发展迅速，新媒体的发展可谓是日新月异。无数新媒体都把眼光定在创新、细化、技术上，它们的目的只有一个，就是在竞争残酷的市场面前，比同行能多熬一段时间。

如今，电梯视频媒体、交通工具视频媒体、超市卖场视频媒体等形式层出不穷。它们都是新媒体行业的一员，也在一定时间内具备一定的生命力。但它们能否长久发展，就看它们的运营能力，以及企业的创新发展能力。

有专家做过这样一项调查:把一则消息推广给 5000 万人，广播用了 38 年，电视用了 13 年，互联网用了 4 年，而微博只用了 14 个月。从传播媒体的发展速度可见，新媒体的传播速度是多么令人震惊!

新媒体为何能在短时间内，吸收规模如此大的读者群? 这跟它的特性是分不开的。新媒体特性如图 1-1 所示。

新媒体特性

双向化传播　传播更人性化　传播速度更快　传播内容更多元　接收方式更便捷

图 1-1　新媒体特性

新媒体特性包括以下五方面:

1.双向化传播

传统媒体的信息传播方式很简单，是单向的、线性的，信息接收者无法进行选择与互动。其具体表现为信息发布者在特定时间向受众发布信息，而受众只能被动接收信息，很难有效进行信息反馈。

新媒体在传播方式上不同于传统媒体，其传播方式是双向的。受众既是信息的接收者，同时也是信息的反馈者。这就使得信息传播的互动性更明显，传播效果更强。

2.传播更人性化

每一个受众都可以成为信息的发布者，都可以自由表达观点，传播自己感兴趣的信息。受众可以个性化选择传播的内容和形式，这大大提高了受众的使用体验。

3.传播速度更快

与传统媒体相比，新媒体借助移动互联网技术，让信息传播变得更加迅速。受众能够在第一时间接收到最新信息，也能在第一时间对信息做出相应的反馈。

4.传播内容更多元

新媒体在传播内容上要更为多元。传统纸媒主要展示文字和图片信息，现在的新媒体不仅可以传播文字和图片，还能够传播声音和视频。这不仅提高了信息量，同时也提高了信息的广度。

5.接收方式更便捷

通过移动互联网技术，新媒体具备了移动性的特点。用户可以通过手机等移动终端来浏览网页、观看视频，不必局限于固定场所。

正是因为这些特性，新媒体逐渐改变了人们的生活方式。而这种新的生活方式，也是新媒体迅速崛起并推动社会前进的重要力量。

常见新媒体类型

今天我们常提到的新媒体，主要是在 20 世纪 90 年代后期形成的一些新媒体形态。

从广义上来讲，新媒体是针对报纸、广播、电视、杂志等传统大众媒体而言的。其既包括信息技术媒体，也包括由传统媒体经过发展改造而来的新媒体形态。

从狭义上来讲，新媒体就是指那些以数字和网络化为核心支持的信息技术新媒体。

从功能上来讲，新媒体不仅可以作为一种载体，同时还具有识别信息和处理信息的功能。比如说，当我们在进行营销传播的时候，只要进行一定的参数设定，就能准确选择信息传播的对象。更为简单的是，我们在生活中使用的微博、微信、QQ 等技术媒体，在信息筛选和内容分享上所体现的都是信息处理的优势。

根据媒体产生的先后顺序，当前常见的媒体类型可以分为五大类，如图 1-2 所示。

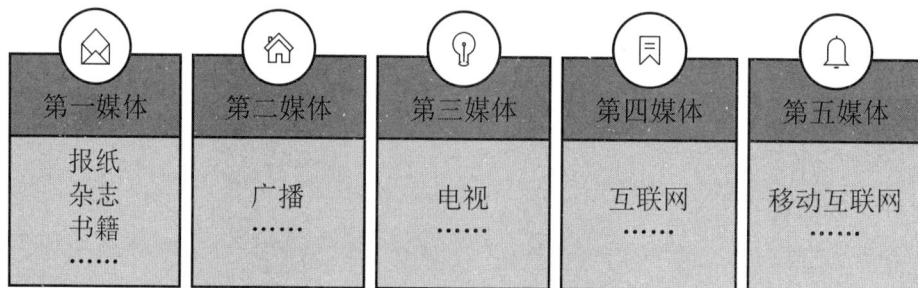

第一媒体	第二媒体	第三媒体	第四媒体	第五媒体
报纸 杂志 书籍 ……	广播 ……	电视 ……	互联网 ……	移动互联网 ……

图 1-2　当前常见新媒体的类型

上面所提到的五类媒体并不是一成不变的。从当前来看，电视属于第三媒体，但随着媒体形式的逐渐普及，电视也开始向着第二媒体转变。而伴随互联网技术的发展，互联网开始逐步上升为第一媒体。

新媒体所指的主要是互联网和移动互联网两类媒体。当然其他媒体经过改良和发展，也衍生出了许多新媒体形式。当前的新媒体可以继续分为以下几种类别。

一、数字新媒体

这里的数字新媒体是指第一、二、三类媒体在应用数字技术之后形成的新的媒体形式。一个很明显的现象是，传统媒体在与新媒体的竞争中逐渐落于下风，没有办法再去坚持传统的传播方式，必须要通过数字化改造，来与第四媒体和第五媒体竞争。

举例来说，现在大多数报纸、杂志、书籍都推出了支持各种终端阅读的电子报纸、电子杂志和电子书。传统的电视也开始推出数字电视、网络电视等不同类型的媒体形式。

二、网络新媒体

网络新媒体的发展主要依托于互联网的全面普及。互联网在全球迅速发展，创造了新的网络环境形式，也将人类带入了信息社会。在新的网络环境中，信息的获取和接收方式被彻底改变，信息的传播和交流也开始跨越时空的界限，信息共享程度越来越高。

三、移动新媒体

移动新媒体很好地继承了网络新媒体不受时间、空间限制的特点，而在覆盖程度上，要比网络新媒体更加广泛。相比于网络新媒体，移动新媒体开始逐渐成为新媒体中的主流，智能手机的普及让移动新媒体获得了进一步的发展。

迄今为止，新媒体行业还并没有一个确切的新媒体分类标准。我们经常提到的新媒体更多是网络新媒体和手机新媒体。但实际上许多传统媒体经过改造发展后，也渐渐出现了新媒体的传播形式。

除了上面提到的分类方式，新媒体主要以下述几种载体来展现。

1.户外广告

户外广告主要包括户外视频、户外投影、户外触摸屏等，LED广告牌、户外电视大屏都属于这种类型的新媒体。户外新媒体可以采用一些户外互动的因素，来增加媒体传播的互动性，吸引更多人气。

2.智能手机

如果说哪种新媒体最受用户欢迎，手机新媒体应该会当仁不让地拔得头筹。从当前来看，手机新媒体是所有媒体形式中最便捷、最普及的媒体平台，而智能手机的普及，更是让手机新媒体成为人们获取信息的重要手段。

3.电子菜谱

这是一种最新出现的新媒体。在大多数中高档餐厅中，都会使用平板电脑等作为电子菜谱载体。通过高清大图、视频播放等方式来增强传播效果，增加品牌的知名度。

尽管新媒体的种类多种多样，但当前主要占据主导地位的仍然是微博、微信，以及各类客户端媒体平台。其他一些新形式的媒体平台正在逐渐发展，但在影响力和宣传力上，还存在些许不足。

新媒体 ≠ 自媒体

"新媒体时代，人人都是自媒体"，这是社交网络上非常流行的一句话。伴随着新媒体的蓬勃发展，越来越多的人有机会主动进行信息传播。受众开始逐渐从被动的信息接收者，转变为信息的传播者。"自媒体"正是在这种形势下产生的。

前面提到新媒体是相对于传统媒体的一种新型媒体形态，通过前面的介绍可以看出，其概念是较为宽泛的。那么自媒体是否也是一种新型的媒体形态呢？我们说，确切地来讲，自媒体更多是一种传播形式或传播途径。

自媒体的概念来源于美国学者谢音·波曼和克里斯·威里斯发布的研究报告《WE Media》。他们认为，自媒体就是普通大众通过数字技术与全球知识体系相联系，然后再与他人分享新闻和身边事件的途径。

也可以说，自媒体是为个体提供信息生产、积累、共享、传播内容的一种信息传播方式，主要是个人传播者以现代化手段，向其他个人或大多数人传递信息的新媒体的总称。较为常见的自媒体平台包括微博、微信、QQ、搜狐自媒体平台、网易自媒体平台、百家号、头条号、企鹅号等。

一、自媒体分类

在分类上，自媒体可以分为三种不同的类型，如图 1-3 所示。

1.普通个人自媒体

这类自媒体缺少足够的知名度，其传播的信息内容也更多来自转载或"搬运"，缺少足够的行业积淀，影响力也微乎其微。

普通个人自媒体　　　　　　　　团队平台自媒体

自媒体

精英个人自媒体

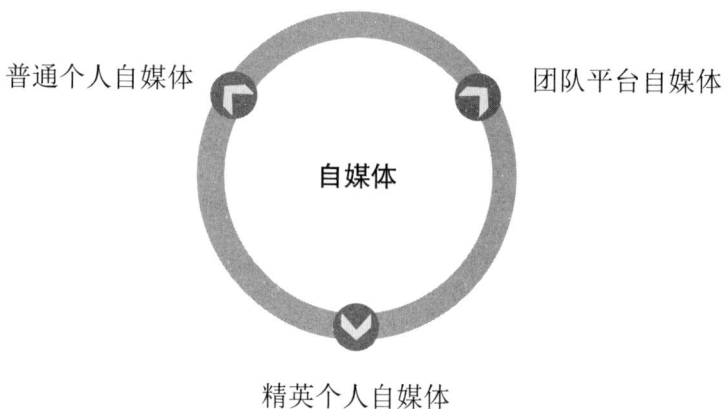

图 1-3　自媒体的三种类型

2.精英个人自媒体

这类自媒体主要专注传播单一行业的信息内容，这类人群往往在某些行业中摸爬滚打多年，拥有一定的知识积累，而后利用自媒体平台进行专业的信息传播活动，积累了一定数量的粉丝，影响力也比较大。

3.团队平台自媒体

这类自媒体往往是一些企业在运营。既有百度百家、今日头条等门户型自媒体平台，也有毒舌电影、新浪房产、十点读书等垂直型自媒体平台。

这类自媒体因为有足够资金支持，规模会比较大，运营模式也更加成熟。现在，大多数精英个人自媒体正在向团队平台自媒体转化。

二、自媒体特点

自媒体在传播主体上主要有以下三方面特点。

1.多样化

自媒体的传播主体来自各行各业，在覆盖面上要比传统媒体更为广泛。而且与专业媒体从业人员相比，虽然在内容编辑能力上会略有不足，但在一定程度上，自媒体传播主体对新闻事件的综合把握会更具体、更符合实际。从这方面来看，自媒体传播主体似乎更具有优势一些。

2.平民化

自媒体的传播主体更多来自社会底层。因为准入门槛较低，越来越多的新闻业余爱好者加入自媒体之中。这些自媒体传播主体在进行新闻事件的传播时，会带有更少的预设立场和偏见，因而对新闻事件的判断也会更为公正和客观。

3.普泛化

自媒体所表达的更多是一种"自我声音"。在自媒体平台上，传播主体会获得足够的话语权，他们可以充分表达自己，张扬个性。伴随自媒体的不断发展，这种普泛化的程度也变得越来越高。

相对于新媒体来说，自媒体的一个突出特点是传播主体拥有更多的话语权，其可以有更多机会去传播个性化内容。也正因这一特点，自媒体才成为了新媒体行业中的主要内容提供者。

由于运营自媒体的门槛很低，只要完成平台账号注册，就可以将合法合规的信息传播出去。从当前自媒体发展状况来看，不少自媒体都被传播主体视为信息传播和分享的工具，少数粉丝量较多、影响力较大的自媒体还会与企业合作将自己的影响力变现。

三、 自媒体与新媒体的区别

1.概念不同

新媒体的概念是相对于传统媒体提出来的，其所对应的是门户网站、新闻客户端等；而自媒体更多是个人或团队开通的媒体号，往往依托于微信、微博、头条号、企鹅号这样的平台。

2.运营方向不同

在运营方向上，新媒体常常会被用来打造企业的品牌形象，进行品牌形象宣传，包括企业官网和公众号的宣传；而自媒体更多是用来打造个人品牌形象，主要通过各种媒体账号传播，主要受众是关注的粉丝。

3.内容来源不同

新媒体传播的内容来源非常广泛，门户网站、视频网站、信息平台上的内容都可以成为新媒体的内容。有些新媒体平台是自己制造内容，有些新媒体平台是参与者提供内容；而自媒体平台绝大多数都是由传播主体来创造和提供内容。

4.盈利模式不同

新媒体平台的盈利模式更为多样，其可以通过会员、广告和信息费等方式获得利润；而自媒体想要获得利润的方式相对较为单一，其必须要打造一个成功的自媒体品牌，然后通过软文和广告等方式获取利润。

可见，自媒体不等同于新媒体，它只是新媒体时代出现的一个新事物。每个人都可以成为自媒体，利用媒体平台去发表自己对人、事、物的看法。虽说自媒体要比新媒体更具有话语权，但并不意味着自媒体传播主体可以毫无约束地发表言论，而是需要遵循法律法规和社会公德。

新媒体运营者在进行新媒体运营时，要充分关注自媒体领域的发展，要善于利用优秀的自媒体资源。在新媒体运营中,只有充分调动起所有媒体资源,才能取得更好的运营效果。

新媒体行业现状分析

随着互联网的普及，新媒体开始日益广泛地进入人类社会生活之中，成为人们的一种生活方式。在这种趋势带动下，新媒体行业进入迅速发展时期。作为一种交互性很强的全媒体融合形态，新媒体已经成为中国传媒产业中的重要力量。

新媒体行业发展至今已有近 20 年的历史，其在发展过程中，出现了许多不同的变化。

（1）各类智能终端和移动互联网平台的应用服务技术，成为新媒体传播的核心技术基础。新媒体出现后，媒体的传播路径被改变。此外，新媒体还改变了媒体与政府监管的关系，新媒体的开放性为政府管理带来一定的挑战。

（2）新媒体已经形成自有的生态环境，并大大改变了旧有的媒体生态环境。传统媒体在新媒体生态中如何转型，如何与新媒体融合，成为传统媒体必须要解决的问题。

（3）作为信息科技和媒体产品相结合的产物，新媒体带来了新的媒体经济。新媒体经济的出现，使得传统媒体从规模经济转向了共享经济、创意经济等新模式。高新技术手段不断为人们提供个性化服务，任何媒体都能探索出一条适合自己可持续发展的道路。

（4）新媒体在发展过程中，自身营销价值不断提升，营销属性也随之增强。新媒体开始成为广告主最为青睐的焦点，更成为企业整合营销必不可少的重要部分。

（5）新媒体的开放性也为不同文明的传播带来了便利，通过新技术手段，不同文明之间可以通过新媒体实现对话和交流。

（6）当前中国新媒体行业正在蓬勃发展，但存在着较为严重的不平衡现象。这种不平衡一方面是中国东西部地区新媒体行业发展程度有所不同；另一方面则是中国各级城市之间新媒体行业发展程度存在差异。

如今，新媒体已经成为全球最具发展潜力的新兴产业。随着各种新媒体形态的出现，人们的生活方式得到很大改变，世界媒体生态也正在被重塑。从这一方面来看，大力发展新媒体行业，广泛开展新媒体行业趋势和现状研究是十分必要的。

中国新媒体行业始于 2004 年，随后获得了突飞猛进的发展。现今，新媒体消费群体逐渐增多，社交媒体、移动媒体广泛流行。随着相关产业制度的不断放宽，新媒体行业产业化和市场化进程也不断加快。

当前，中国的新媒体行业正处于快速发展时期，中小企业是新媒体行业的主力。广阔的市场前景，让新媒体行业吸引了大量资本注入，进而大幅增强了新媒体营销的价值。

新媒体正广泛融入人类的社会生活中。在大数据时代，新媒体运营者应该更加注重用户需求，为用户提供更优质的内容定制服务，在获得最多用户的同时，发掘出新的盈利模式。

随着互联网支付手段越来越成熟，新媒体在盈利模式方面也在不断成熟，一些媒体产品更是可以直接获得用户的付费收入。

现阶段，大数据、移动互联网已经成为新媒体发展的主要方向，以此为基础的新媒体产业已经形成。这一产业立足于互联网等数字化网络，通过实时互动的自由传播模式，形成了依靠规模化内容生产、传播为主的各类经营实体，展现出了巨大的产业前景。

新媒体行业未来发展

新媒体行业的高速发展，令人们的生活发生了巨大的变化。从"互联网＋"到"万物互联"，越来越多新元素的加入，让新媒体更为深切地改变着人们的生活。

"互联网＋"主要是用互联网技术去对接配置、更新甚至取代传统的商业模式，进而重塑传统行业。而"万物互联"则是通过技术来感知场景，让用户连接服务变得更加智能，让人机交互的过程更加简便。

人工智能也将为新媒体发展提供助力。在未来 5~10 年中，人工智能将会极大改变人们的经济、生活和工作，并将覆盖人类生活的诸多方面。各类机器人将在社会生活中承担重要角色，其在智力方面汇聚着各方智慧，甚至会在某些方面超越人类。人类也有可能走向人机合一的状态，那些具备自我学习和辨析能力的机器人，还会形成自我机制，从而让人类无法驾驭。

此外，VR 和 AR 技术也将对新媒体产生深刻影响。在与新媒体相关的娱乐产业中，游戏、影视、动漫等领域，将会更广泛地应用这些从虚拟到现实的技术。

依托电商起家的阿里巴巴在过去十几年中，已经构建起了一套完整的电商生态体系。阿里的发展已经超出了传统电商生态体系，在 VR、AR 技术的影响下，已经向着更广泛的领域迈进。从 2014 年开始，阿里巴巴开始在文化产业领域中进行收购，如收购文化中国、认购华数传媒，都是其中重要的步骤。这些都是阿里巴巴在互联网生态领域进行的拓展，这也是新媒体科技改变人类生活的显著案例。

新媒体在改变人们日常生活的同时，也极大改变了传媒行业的面貌。以当前发展趋势来看，新媒体在未来发展上主要呈现出以下几方面的特点，如图 1-4 所示。

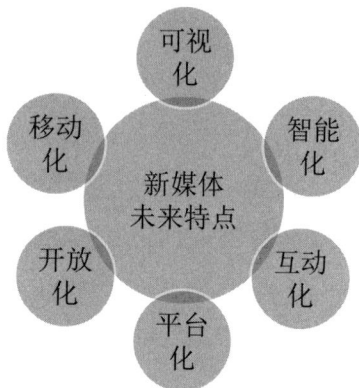

图 1-4　新媒体未来发展的特点

一、移动化

手机、平板电脑等移动终端已经成为人们获取信息的主要手段，随着移动终端的更新迭代，人们还会寻找到新的信息获取工具。但无论工具如何改变，新媒体移动化的特点都不会改变，并会逐渐加强。

二、可视化

视频和短视频将成为信息传播的主流，无论是传统媒体，还是新媒体，都将会把视频业务作为发展的重点。

三、智能化

大数据、云计算和人工智能技术的普及，将会极大改变信息采集、制作和发布的方式。信息传播模式和流程会出现新的变化，信息传播也将会更加丰富、多样。

四、互动化

移动互联网的逐渐普及，让更多人能够接触到新媒体。新媒体的开放、包容等特性，也让受众从被动的信息接收者，加入更加主动、更加自由的信息生产者队伍之中。每一个人在新媒体时代，都能够成为信息传播队伍中的一员。

五、平台化

新媒体运营者并不是单一的信息提供者，许多媒体机构已经开始向综合服务提供方向转变。一些新媒体机构依托原有平台不断扩大影响，其他媒体机构则通过新建网络平台来聚集用户资源。平台化成为未来新媒体行业发展的一个重要方向。

六、开放化

日益发展的新媒体为传统媒体带来了很多意想不到的挑战，传统媒体想要在竞争中取胜，就要提高自己的综合能力，而传媒行业与其他行业间的合作，也会变得越来越紧密。

在新媒体发展的诸多趋势中，社会化媒体将会成为新媒体发展的焦点。

社会化媒体是一种新型在线媒体，这种媒体给予用户极大的参与空间，将媒体传播"一对多"的方式转换为"多对多"的传播方式。社会化媒体需要用户积极参与进来，如果缺少用户的有效参与，这一媒体平台就很难产生有效内容。微博、论坛等内容社区都是较为常见的社会化媒体。

社会化媒体借助移动终端，逐渐融入主流社会中。基于社会化媒体平台不断衍生出的第三方应用，也会引发出一系列新的商业变革。

社会化媒体不仅成为人们进行有效交往的社交工具，还被各国政府和企业组织广泛应用。社会化媒体能够提高各组织机构的工作效率，还将会吸引更多资本转移到社会化媒体平台当中，促进新媒体行业的发展。

对于未来新媒体行业的发展，运营者在关注时应该用动态的发展眼光来看待。现阶段，新媒体还处于蓬勃发展阶段，很多新的因素依然层出不穷。因此，新媒体运营者除了要跟紧新媒体产业转型升级的步伐，还需要时刻关注新媒体的社会整合功能。

5G时代，新媒体怎样出新

当前，世界各国正在5G技术方面加紧"扩军备战"，5G技术发展迎来了最好的时代。作为4G时代之后推动世界向前发展的通信技术，5G已经成为国家发展、全球竞争的核心技术。

通过全新的网络架构，相比于4G技术，5G技术具有数十倍网络速度提升、毫秒级超低延迟和数亿级超大链接的优势，5G技术的应用将会真正开启万物互联的新时代。届时，各行各业都将会在5G技术的赋能下，获得新的飞跃与提升。

2019年4月24日，中国联通"5G·新视界"媒体高峰论坛在上海世博中心举行。在此次论坛上，中国联通在行业内首次发布了《5G新媒体白皮书》，正式将5G与媒体行业融合发展的未来图景呈现在大众面前。

此前，在大众的普遍印象中，人们对5G技术的发展及商业应用已经有了一定的了解。它可应用于沉浸式体验、自动驾驶汽车、远程医疗和智慧城市等多个领域，深刻变革人们的生活方式。但在新媒体行业中，针对有关5G技术将会如何赋能助力方面的信息，人们了解到的却并不多。

媒体行业看上去与5G技术的关联似乎没有那么紧密，但如果仔细分析，我们不难发现其对媒体行业的变革意义还是非常大的。从这里，我们也可以找到5G时代新媒体行业推陈出新的新方法、新手段。

2019年1月25日，中共中央政治局在人民日报社就全媒体时代和媒体融合发展举行第十二次集体学习。在学习中，习近平指出推动媒体融合发展，要坚持一体化发展方向，通过流程优化、平台再造，实现各种媒介资源、生产要素有效整合，实现信息内容、技术应用、平台终端、管理手段共融互通，催化融合质变，放大一体效能，打造一批具有强大影响力、竞争力的新型主流媒体。

2011—2017 年，我国媒体行业发展势头迅猛，产业体量已经达到了 1.9 万亿元。在这之中，广播电视等传统媒体在媒体总产业体量中的占比正在逐年下降，互联网及移动互联网等新媒体在媒体总产业体量中的占比则在逐年提升。

我国的媒体广告业在 2014 年到 2015 年间完成了格局转换，互联网媒体广告的收入开始超越传统媒体的广告收入。到了今天，互联网媒体的广告收入已经将传统媒体甩在了后面，而且由于我国互联网的高速发展，二者间的距离被拉开得越来越远。

一方面是传统媒体想要抵制住新媒体的冲击，谋求自身发展；另一方面是新媒体需要从传统媒体中汲取大量精华内容。在这两方因素的共同促进下，媒介融合成为当前媒体行业发展的一大趋势。而在这个过程中，5G 技术则成为传统媒体与新媒体融合的重要背后推手。

对于新媒体行业来说，5G 技术的发展及商业落地，在很大程度上也将进一步带动新媒体行业的发展。在众多新媒体形式中，视频类业务将成为主流媒体形式，视频类内容的分辨率将会从高清上升到 4K、8K；视场角也将会从单一平面视角，向 VR 和自由视角发展。用户对新媒体的使用体验将会显著提升。

可以预见，超高清视频将会是未来新媒体行业的基础业务，无论是传统媒体从业者，还是互联网媒体从业者，都在积极布局这一领域的内容。

在 5G 时代中，VR 全景视频和 AR 影像在 5G 技术的赋能下，将会获得广阔的发展空间。以 VR 全景视频业务为代表的"5G+VR 视频"业务将成为新媒体的代表形式，AR 技术的应用体验也将会显著提升，应用场景也将会更为丰富。

中国联通在《5G 新媒体白皮书》中公布了自身的 5G 新媒体路标，其将5G 新媒体发展分为开拓期、发展期、成熟期和进阶期四个时期，预计在不同时期将会推出不同的新媒体产品。

其中，在开拓期，主要是探索 5G 新技术，满足行业升级的需求。其主要产品有 5G 采编背包、5G 超高清制播、5GVR 一体化制播等。在发展期，5G 将与更多更复杂的媒体技术共同发展，这一时期的主要产品有 5G 轻量级演播室、5GAR 制播、5G 全息制播等。到了成熟期，5G 平台化产品基本形成，主要产品有 5G 融媒体平台、5G 云 VR 平台、5GAI 媒体平台等。在最后的进阶期中，将会对全新的 5G 新媒体技术进行探索，并推出如 5G 裸眼 8K 3D 和 5G 沉浸式 MR 等产品。

在 5G 时代，5G 技术与新媒体行业的结合将会更为紧密，5G 技术应用也将会从采、编、播等基础环节，发展到云制作、全息通信、平台化生产传播的路径之中。在更远的未来，在 5G 技术的加持下，新媒体行业还将会全面探索沉浸式体验等更为先进的技术。而在这一系列过程中，每一个接触到新媒体行业的人都将会感受到这些技术的变革，这些就是 5G 时代新媒体行业的新出路。

第二章　新媒体运营的发展与误区分析

什么是新媒体运营

　　新媒体运营是相对于传统媒体运营而言的。传统媒体主要通过广播、电视、报纸、杂志等平台对社会公众发布信息，做运营就是利用好这些平台去吸引用户和维护用户。而新媒体主要依靠互联网向用户传递信息，主要传播媒介是微信、微博、贴吧等，在运营上要比传统媒体运营更加复杂一些。

　　所谓新媒体运营，就是通过移动互联网手段，利用微博、微信等新兴媒体平台工具，进行产品宣传、推广、营销等一系列运营，来达到相应营销目的的活动。同时，新媒体运营者还可以通过策划相关优质内容和活动，来向客户广泛传播信息，在提高用户参与度后，再利用粉丝经济达到营销目的。

　　如果从用户角度来讲，新媒体运营工作主要就是将潜在用户转变为忠实用户，如果进一步扩大到获利角度，就是将潜在用户转变为付费用户。

　　在刚刚接触新媒体运营时，很多人会将新媒体运营和产品运营相混淆，认为二者都是为了推销产品而进行的。从根本目的上来看，这种理解并没有什么问题。但如果仔细研究就会发现，产品运营是一项从内容建设层面到活动策划层面都要来管理产品内容和用户的工作，而新媒体运营则只是其中的一个重要分支。

　　从最终目的上来看，二者都是为了获得更多用户，然后将这些用户转换为忠实用户。相较来说，新媒体运营的方式更为纯粹直接，而产品运营的内容和方式则更为庞杂，这也使得其对用户的影响程度也更加深刻。

　　无论是网络新媒体、移动新媒体，还是数字新媒体，任何一种新媒体都由具体的媒介形式作为载体。无论是主流的微博、微信、客户端，还是知乎、豆瓣、抖音等新兴媒体平台，都是新媒体运营需要利用的传播媒介。

　　新浪微博诞生于 2009 年，微信诞生于 2011 年。此后一段时间，微博、微信等社交媒体开始迅速发展，各种手机客户端也开始火爆起来。新媒体运营也伴随着新媒体的发展而成熟，从最初的职能模糊，到现在逐步形成了明确的岗位设置和岗位要求。

从具体内容来看，新媒体运营的工作内容，主要包括五个部分，如图 2-1 所示。

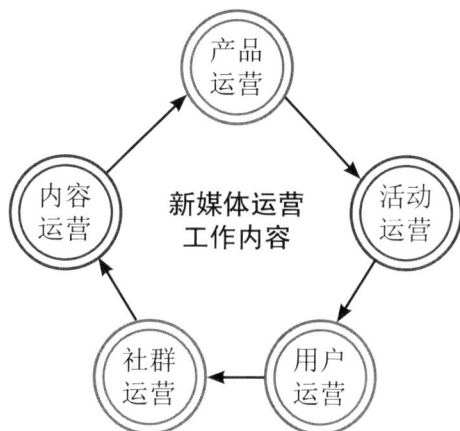

图 2-1　新媒体运营的工作内容

下面是新媒体运营的主要工作内容。

一、内容运营

内容运营是新媒体运营工作中的重要部分，其主要是指以产品或咨询为前提，进行内容选题、策划、创意、采写、编辑、排版、推送等运营工作，同时还要做好内容创造、搬运、整合和推荐等相关运营工作。在进行内容运营时，原创性内容更容易吸引用户关注。

以内容作为核心运营点

◇ "内容为王"吸引用户关注

二、产品运营

产品运营可以从两个方面进行理解：一方面可以理解为企业产品的运营，包括

以产品作为核心运营点

◇ 多样化产品争夺市场

企业产品的设计开发和调试等；另一方面可以理解为新媒体运营过程中涉及的平台、账号的运营，包括对这些平台进行管理、策划和调试。

三、活动运营

活动运营应该根据产品的特点和用户画像进行策划推广，通过一些有创意的传播方式，或是带有奖品的奖励形式，去策划相关活动，这样能更好地实现增加用户、提升品牌、促进销售的目的。

> **以活动作为核心运营点**
>
> ◇ 特色活动增加品牌曝光率

四、用户运营

新媒体运营中的用户运营，是围绕用户进行拉新、留存、转化相关的运营。从产品的生命周期来看，用户运营主要需要做好用户的注册、活跃和付费等几个关键节点的工作，以及通过各种运营手段来对用户进行管理。

> **以用户作为核心运营点**
>
> ◇ 围绕用户需求开展运营工作

五、社群运营

随着新媒体行业的日益发展，除了以上提到的内容运营、产品运营、活动运营和用户运营外，新媒体运营中还出现了许多其他的运营内容，而社群运营就是其中的一项重要运营内容。

从 2015 年开始，社群运营开始萌芽。自 2016 年起，社群运营开始逐渐火热起来。到现在，社群运营已经成为新媒体运营中的一项重要运营内容。

所谓社群运营，就是通过一系列运营手段，将用户聚集起来，通过一定的方式来促进这些用户的活跃。新媒体运营者可以通过有效管理来刺激和激励被聚集起来的用户群体，让用户群体中的成员对管理者和产品产生信任和认同，进而促进产品的销售。

　　上面提到的几个新媒体运营的工作内容，并不是相互独立的。在进行新媒体运营时，各方面工作需要综合配合，只有这样才能取得最好的运营效果。

　　其中，为了解用户，新媒体运营者需要做好竞品分析及用户调查。运营者需要了解用户正在关注什么，然后根据调查情况去设定自己的明确目标。同时，运营者还应通过用户调查绘制用户画像，了解用户的年龄区间、收入情况等信息，通过信息反馈分析用户需求，根据用户需求再去进行内容创作。

　　真正优秀的内容一定是在充分了解用户的情况下创作出来的，只有触动了用户需求的痛点，将用户感兴趣的内容表达出来，才能引发用户共鸣。在内容运营中，内容创作的好坏并不取决于内容的多少，而取决于内容质量的好坏，以及与用户需求的契合程度。

　　通过用户分析完成内容创作之后，还需要选择合适的内容分发渠道。新媒体运营在内容分发渠道上可以有很多选择，然而对于新手运营者来说，选择合适的分发渠道有一定困难。优质的内容只有通过分发渠道推送出去，才能起到好的营销效果。但一个重要的问题是，并不是每一个渠道都是合适的。

　　优秀的运营者会根据各个新媒体平台的风格来投放自己的内容，将内容投放到符合自家产品风格的渠道中，才能起到事半功倍的效果。如果将一篇优质的小清新风格软文投放到钛媒体这样的科技属性十足的媒体平台，无疑会让这篇优质文章的效果大打折扣。

　　新媒体运营是一项综合性工作，无论是企业还是个人，想要做好新媒体运营，就需要全盘掌握其各个环节的关键内容。再好的运营者也无法一个人扛起新媒体运营的大旗，现代新媒体运营越来越向着组织化、团队化方向发展，企业因此日益成为新媒体运营的主要力量。

新媒体运营的发展

新媒体运营伴随着新媒体的蓬勃发展而逐渐成熟，其主要目标对象是互联网用户，因此，其发展历史也是随着互联网用户的习惯和喜好而逐渐演变的。

在新媒体运营发展的各个阶段中，主要的工作内容并没有发生变化，但不同时期所侧重的工作重点却有所不同。下面我们就来简单了解一下新媒体运营在不同阶段的发展历史。

一、以用户作为核心运营点

在 2000 年以前，中国互联网发展还处于萌芽阶段。虽说那时互联网公司如雨后春笋般层出不穷，但中国的互联网用户增长却并不明显。这主要是由于当时中国经济发展水平有限，互联网普及程度不够所致。

因此，对于当时的企业来说，谁能够先找到用户需求，谁能够先获得用户，谁就能迅速发展起来。当前中国互联网企业发展的现状，也印证了这一论断。

在 2000 年左右，那些围绕用户需求，不断抢占用户市场的互联网企业，不仅在当时获得了发展先机，直到现在也依然处于中国互联网行业的领先地位。

腾讯依靠 QQ 软件抓住了用户的社交需求，获得了广泛的用户支持，从众多互联网企业中脱颖而出。发展到现在，腾讯依然立足社交软件，在中国互联网市场中处于领先地位。

百度依靠搜索业务抓住了用户使用互联网浏览信息的需求，同样获得了广泛的用户支持。也正是凭借强大的用户支持，百度才能在日后的市场竞争中逐渐壮大起来。

在当时，许多企业的程序人员常常会扮演运营的角色。通过与用户沟通，获取用户的反馈信息，以此不断调整产品，来更好地满足用户需求。

二、以产品作为核心运营点

在 2000—2005 年，中国互联网进入到稳步发展阶段。互联网市场中的用户需求差不多已经被挖掘殆尽，很多互联网企业便将运营的重点转向了产品。通过对产品进行优化升级，来更好地维护用户，促进销售。

在当时，以腾讯为首的互联网企业纷纷在原有产品基础上，推出许多新的互联网衍生产品。腾讯在 QQ 的基础上，推出了 QQ 游戏和 QQ 空间；而百度则在文字搜索基础上，推出了 MP3 搜索和图片搜索。这些做法不仅很好地维系了原有的用户，也获得了许多新的用户。

这一时期的新媒体运营主要围绕产品展开，这也是当时互联网企业应对市场竞争、扩大企业规模的一种必然选择。

三、以活动作为核心运营点

2005 年以后，中国互联网市场中的竞争开始进入到白热化阶段。这一时期中国互联网市场中涌现出许多同类型的互联网企业，这也是互联网市场竞争加剧的一个重要原因。

这些同领域竞争的互联网企业因为产品和服务基本相似，因此想要脱颖而出，就需要通过活动运营来进行品牌推广，让更多的用户关注自己的产品和服务。因此，通过多种不同形式的活动来增加品牌的曝光率，成为了当时企业新媒体最为主要的运营方式。

为了与其他企业的活动区分开，企业的运营团队需要从不同的角度、不同的形式去设计线上线下活动。在设计出创意活动之后，还要严格执行，随时监测活动的效果。通过不同创意活动获取用户成为当时的核心运营点。

四、以内容作为核心运营点

进入到21世纪的第二个十年，智能手机开始逐渐普及。在移动互联网时代，微信聊天成为了用户每日必做的事情。

这一时期，中国的经济水平和科学技术水平都获得了长足发展，许多新鲜事物出现在人们的生活中。特别是信息碎片时代，让人们的注意力越来越没办法集中到一件事情上。这一时期，企业如果想要获得用户，就需要首先抓住用户的注意力，将用户吸引到自己的产品或服务中来。这成为了该时期新媒体运营者的必备能力，这一点即使在现在也是如此。

而想要吸引用户，内容运营无疑是重中之重。想要在众多的图片、文章和视频中被用户发现，新媒体运营者就需要创作出优质的内容。想要创作出优质的内容，不仅需要分析用户喜好，还需要在内容结构和排版上多下功夫，并综合利用各种工具，才能获得更好的运营效果。

支付宝在 2016 年春节推出的"集五福"小游戏，就是一次十分精彩的内容运营。这款小游戏不仅将我国的"福文化"更广泛地传播开来，同时也将支付宝与新年年俗主题捆绑在了一起。多种多样的扫福集福活动，也增添了活动的趣味性。这也是"集五福"活动能长期开展下去的一个重要原因。对于大多数用户来说，瓜分现金已经成为次要噱头，新年集福才是主要目标。

纵观新媒体运营的发展历史，其在不同发展阶段的核心运营点，已经成为新媒体运营的重要工作内容。如今，新媒体运营者在运营时，需要综合应用各种方法，从用户、产品、活动、内容等多个方面着手。只有这样，才能应对日益激烈的市场竞争。

新媒体运营误区分析

　　新媒体运营是一项复杂任务，需要一系列精细化工作互相配合。新媒体运营者需要在完成各项细分工作的同时，将这些工作有效整合到一起，这样才能取得更好的运营效果。

　　新媒体运营工作能否取得良好效果，主要看细节工作是否能做到位。此外，新媒体运营者还需要提前了解一些新媒体运营的误区，从而合理避开这些误区。

一、只做内容运营

　　在新媒体运营工作中，内容运营在所有细节工作中居于中心地位。好的内容是获得传播效果的重要前提，但这并不意味着我们需要执着于内容本身。

　　一些新媒体运营者在做运营时，很注重用户分析，在确定目标用户画像后，便专注于内容运营。这种一味关注内容运营的运营方式，在短时间内会起到一定效果。然而，随着时间的拉长，竞争者的增多，就会出现优质内容发掘乏力等问题，因此，单纯做内容运营是无法维持新媒体运营的。

二、专注吸粉，不重维护

　　用户是新媒体运营者的"上帝"，谁能获得更多"上帝"，谁就会在新媒体战场中独占鳌头。基于此，很多新媒体运营者会通过各种方式来吸引粉丝。做活动、送礼物、发红包，这些吸粉方式虽说能够让粉丝数量在短时间内迅速增长，但也容易让粉丝在短时间内迅速流失。

　　粉丝流失很大程度上是因为运营者没有做好粉丝维护工作，只注重吸粉，不注重粉丝维护，是新媒体运营的常见误区。

新媒体运营者在吸粉时，要首先清楚吸引来的粉丝是否是目标粉丝。相比于目标粉丝，普通粉丝更容易流失，所以专注于目标粉丝开发，能够在一定程度上防止粉丝流失。当然，即使是目标粉丝黏性很大，运营者也需要为粉丝设计单独的活动，积极与粉丝展开线上线下互动，这样才会留住粉丝。

三、有活动就会有转化

这种运营上的错误，初学者不容易犯，常常会出现在有一定新媒体运营经验的人身上。每个新媒体运营者都知道举行各种活动对促进用户转化的重要性，初学者因为经验不足，往往会对活动内容、渠道和形式更为关注，反而是有一定经验的运营者会陷入坐享其成的误区之中。

一些运营者认为自身新媒体平台粉丝人数较多，只要有活动就会有用户主动报名参加，因此很少在活动宣传渠道上下功夫。实际上，一场好的活动，不仅要有好的互动内容，还需要有好的宣传渠道让更多人去了解它，这样才能保证活动取得良好效果。

因此，在一个活动方案制定出来后，运营者一定要充分利用各种宣传渠道。在宣传渠道的选择上，一方面要广而全，另一方面则要专而高。广而全就是范围广、形式全，专而高就是专业度强、匹配度高。只有做到这两点，才能保障活动的预期效果。

四、进行"刷群式"宣传

"刷群式"宣传看上去做到了广而全，实际效果却只能做到"惹人烦"。无论是哪一种新媒体平台，在进行宣传时，"刷群式"宣传都很常见。一些运营者认为这种宣传方式只是前期铺垫，是在为后面的精准宣传铺设路径。实际上，这种宣传方式很容易让后续宣传效果大打折扣。

"刷群式"宣传并不是不可取，但前提是宣传内容的质量要非常高。首先要看我们所宣传的内容是知识还是广告。从现在的新媒体宣传来看，很少会有直接利用广告刷群的，这种方式很多年前就已经淘汰了。现在的宣传刷群都是以知识包装起广告，让用户获得知识的同时，观看到推送的广告。

现在大多数微信公众号的推广都会采取这种形式，无论从标题还是从文章前部内容来看，都不会让人察觉到广告推广的痕迹。但无论多么专业的知识介绍，最后无一例外都会牵引到相应的广告上面。相较于直接使用广告刷群宣传，这种方式更容易让人接受。

五、缺少综合活动策略

很多新媒体运营者在策划活动时，往往依靠自己的想象去做决定，不注重数据分析和案例参考，这种情况下产生的活动策划，很难取得预期效果，活动制定时想象的火爆场面，也很难实现。

在进行活动策划时，需要综合考虑各种策略因素。在这一过程中，要对活动的各个环节有一个综合把控。只有搞清楚这些问题，才能确保活动真正起到应有的效果，新媒体运营的综合活动策略如图 2-2 所示。

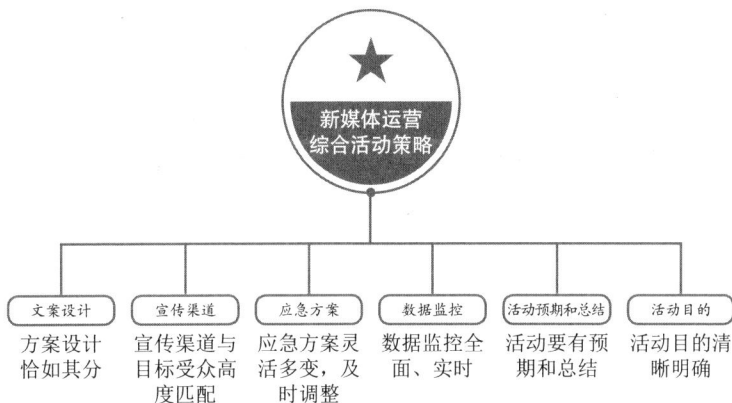

图 2-2 新媒体运营的综合活动策略

六、新媒体运营平台单一

微博、微信作为重要的新媒体平台，是大多数新媒体运营者青睐的对象。但新媒体运营并不是只有这两条道路可以走，专注于单一新媒体平台的确可以走出专业化运营道路，同时也可能会让自己的运营道路越走越窄。

以粉丝运营为例，微信是粉丝运营的重要阵地，一些运营者便扎根微信，以朋友圈转发、微信群分享等方式来运营吸粉。其实，运营者完全可以走出微信平台，利用今日头条、企鹅号、百度百家、贴吧论坛等多种方式进行组合吸粉。相比于微信平台单一吸粉，这种综合方式的效果会更好。

当然，在扩大运营平台的同时，也要注意各个媒体平台的人群属性是否与自己的目标受众吻合。比如说，如果运营的目标受众是喜欢二次元的年轻人，那 b 站（bilibili 网站）无疑是较好的选择。

七、一切问题在运营

在企业中，一场活动没有达到预期效果，很多人会将问题归到运营上来，认为是运营没有做到位。正是这种错误的观念，让运营在企业中很不好做。

活动运营尤其是新媒体活动运营，从用户接触到活动信息开始，营销活动就已经启动了。用户在参与活动之前选择放弃，问题很可能出现在各个环节，并不单单是运营出了问题。因此，并不能单纯将问题归结到运营这里。

新媒体运营的误区还有很多，对于那些并不常见的误区，还需要运营者自己去领会。总之，想要做好新媒体运营，就要保持活跃的思维，不能让现实中已经存在的框架影响自己的判断。

第三章　打造新媒体运营团队

新媒体运营团队的结构配置

移动互联网时代的新媒体运营，有的人说容易，有的人说困难。说容易的认为新媒体运营工具层出不穷，选择很多，每种都有效果；说困难的认为市场竞争激烈，新媒体运营效果很难达到预期。

从当前形势来看，企业在进行新媒体运营时，主要会出现以下几方面的问题，如图 3-1 所示。

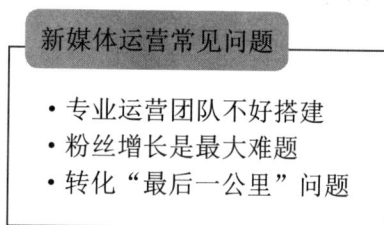

图 3-1 新媒体运营的主要问题

一、专业运营团队不好搭建

新媒体运营这项工作门槛很低，但并不意味着想要组建一支优秀的运营团队也很容易。当下越来越多的毕业生涌入到新媒体运营岗位中，可真正能够做好的却少之又少。

专业运营者不好找，企业管理者自身对新媒体运营又知之甚少，企业的新媒体运营自然无法做好。

新媒体运营需要投入不少资金，如果企业正处于上升发展阶段，新媒体运营者专业程度又不高，这种时候企业进行新媒体运营无疑是有风险的。

二、粉丝增长是最大难题

企业新媒体运营最常见的困难就是粉丝增长问题。我们知道，一旦开始新媒体运营，就要通过各种方式去获得粉丝的关注。当前新媒体市场竞争日渐激烈，如何从众多竞争对手的手中吸引粉丝，成为企业新媒体运营必须要解决的问题。

除了要实现粉丝增长外，企业新媒体运营还需要做好粉丝维护工作。辛辛苦苦获得的粉丝，不能白白流失掉。这种时候，新媒体运营者需要采用各种方式做好粉丝维护工作，通过互动等形式来增加粉丝活跃度。

三、转化"最后一公里"问题

企业做新媒体运营不仅是为了进行品牌宣传，同时还需要做好粉丝转化工作。只有将粉丝活跃度转化成经济收入，才能弥补开展日常工作时的各项花销，才能真正依靠新媒体运营来获利。

当前企业新媒体运营的一个重大问题，就是解决不好转化问题。一些企业的新媒体运营甚至根本没有转化过程，这相当于只进行投入，不进行产出。企业是以盈利为目的的，这种做法显然无法长久。

其实，新媒体运营的问题看上去表现在上面三个方面，实际上需要做的只有一点，那就是建立起完善的新媒体运营团队。企业管理者如果能够解决新媒体运营团队构建的问题，后面两个方面的问题就会迎刃而解。

一些企业在搭建新媒体运营团队时，总是纠结该招几个人，而不去关注如何对运营团队进行分工。一些中小型企业，配置过多的新媒体运营岗位，显然是没有必要的；而一些规模较大的企业，往往新媒体运营分工不清，又会影响工作效果。

企业在构建新媒体运营团队时，可以根据自己的实际情况确定运营团队的规模和结构。但大体上，以下两种新媒体运营团队结构是较为常见的。

1.内容+产品+运营

这种新媒体运营团队结构并不是说需要三个人分别负责内容、产品和运营，而是说新媒体运营团队中必须要有这三种人。这是新媒体运营团队最基本的配置。

面对同样一件产品，做内容的人在看到产品后，会首先想到通过怎样的方式让更多人知道这件产品。为此，他们会构思一篇精美的文章，尽善尽美地介绍这件产品。

做产品的人在面对这件产品时，第一反应是想要去了解这个产品的使用体验是怎么样的，有哪些地方需要优化，如果改进的话，如何让这件产品更优秀。

做运营的人则会想到如何将这个产品与其他产品相联系，怎样更高效地操控整个流程，在整个过程中需要对接哪些资源，需要选择哪种渠道等问题。

一个较为完善的新媒体运营团队，需要做好这三方面的工作。这些工作可以由一个人来完成，也可以由三个人来完成，还可以由三个团队来完成。无论如何配比人员数量，一个新媒体运营团队至少要有在这三方面有能力的人。

"罗辑思维"联合创始人兼 CEO 脱不花在《玩公司》一书中提到："罗辑思维"是一个基于微信的互联网社群，同时也是微信生态中最大的一家电商，其主要通过 2000 个微信群来建立与会员和用户的直接关系。

为了完成这项工作，"罗辑思维"构建了一个 40 人的团队。在这个团队中，负责技术运营的大概有 10 个人，而剩下的 30 人则主要负责内容运营和产品运营。但因为工作量比较大，每个人都身兼数职。

"罗辑思维"的团队构建结构非常清晰，就是上面提到的内容、产品和运营。从人员数量上看，"罗辑思维"团队的规模并不大，但整个团队所完成的项目却是非常大的。正是团队构建结构合理，才会仅用如此少的人，创造出了巨大的经济价值。

2.内容+运营

上面提到的新媒体运营团队结构十分完善，但却不是目前最为主流的运营团队结构。现在较为普遍的新媒体运营团队结构是内容与运营结合，缺少产品这个部分，即有人负责内容，有人负责运营。

同样，如果一个人能够身兼内容和运营两方面工作的话，让一个人负责新媒体运营也是可以的。一般来说，一个新媒体运营团队中，做这两方面工作的人都需要有。光懂内容，不会运营推广是不行的；光会运营推广，不懂内容也是无济于事的。当然，这种"内容＋运营"的搭配也可以说是新媒体运营团队最低标准配置了。

在"内容＋运营"这种结构团队配置中，内容岗位主要包括文案、设计、策划、摄影、插画等，运营岗位包括推广、客服、公关、商务等。企业在构建新媒体运营团队时，可以根据自身实际情况来配置相应岗位，不必要一下子设置过多岗位。

新媒体运营者的基本素质

构建起运营团队后，如何做好运营，是每个新媒体运营者需要思考的问题。想要做好运营，首先要了解运营究竟是什么，运营的根本目的是什么，了解清这些问题，才能有效开展运营工作。

在前面我们提到过，新媒体运营的细化工作主要包括内容运营、用户运营、活动运营等，这三方面工作所对应的新媒体运营岗位分别是文案、客服和策划。而所有新媒体运营工作在指向最终盈利目的之前，都需要完成三个方面的工作，那就是拉新、留存、促活。也可以说，这是新媒体运营的三个主要目的。

所谓"拉新"，简单理解就是拉新人，运营者想尽办法吸引粉丝。"留存"也很简单，就是同样想尽办法让千辛万苦吸引来的粉丝能够留下来。"促活"就是更要想尽办法让这些粉丝变得活跃起来，无论是互动沟通、阅读文章，还是评论点赞、随手转发，只有让粉丝活跃起来，才能继而创造价值。

无论是内容运营、用户运营，还是活动运营，都需要为这三个目的而努力。内容运营需要为粉丝提供优质内容，用户运营则直接与粉丝进行沟通，活动运营就是策划各种活动，保持粉丝活跃度。虽然这三方面工作分工各不相同，目的指向却是一致的。

正因为各项工作岗位的工作分工不同，因此，不同岗位的新媒体运营者也需要具备相应的工作素质。

一、内容运营者基本工作素质

内容运营者的主要任务目标就是持续不断地为用户提供优质内容。在这项基本工作素质中，持续不断和优质是关键词，也是工作的重点。

以微信公众号为例，那些阅读量过 10 万的文章，绝大多数都拥有优质的内容。所以说内容优质是阅读量的一个重要保障。如果没有办法提供优质的信息内容，还有一种方式能够弥补内容上的不足，那就是持续更新。

现在大多数公众号都采取日更的方式，可能内容算不上优质，但因为每天持续更新不断更，也取得了很好的运营效果。而那些能够提供优质内容，却没有办法做到日更的运营者，就需要想办法提高自己生产和创造内容的能力，这样才能维持自己的优势。

做内容运营，就要将更多精力花在提高自身内容的价值上。很多新媒体运营新手会出现一个常见错误，在 8 个小时的内容创作时间中，他们用 3 个小时完成了文字内容的创作，随后又用 2 个小时对图片进行加工，最后的 3 个小时时间全部用在排版上。

看上去这种时间分配是非常合理的。但实际上，如果内容部分的质量无法得到用户认可，排版再精美也是无济于事的。所以说，内容创作者一定要把主要精力放在内容的质量上。

作为用户，当我们看到一篇文章的标题非常普通时，继续看内容的兴趣就不会大。如果标题非常精彩，那么内容即使存在些许瑕疵，也会被用户有意无意地忽视掉。这也是为什么内容创作者细抠文章标题的原因。

因此，内容运营者如果有 3 小时时间进行排版，不如将这些时间中的一部分用来继续提高内容的价值，或者将标题改得更精美些，这样对于用户来说，文章的吸引力会更大些。

此外，企业管理者在招募新媒体内容运营岗位人员时，往往喜欢选择非专业出身的运营者。如果一个广告系毕业生和一个商务系毕业生拥有同样的写作能力，商务系毕业生会有很大机会胜出。

之所以会出现这样的情况，是因为很多专业出身的内容创作人员，在进行内容编辑时，会过多注意措辞和文笔是否优美、衔接是否得当。在这个过程中，他们或多或少地忽略了用户是否能够理解内容这个问题。如果过分追求文笔高雅，很容易出现用户无法理解信息内容的结果，这样的文章阅读量自然会低很多。

二、用户运营者基本工作素质

作为用户运营者，一个最为基本的工作素质就是不要忽视每一个粉丝，对粉丝要保持尊重。用户运营者看上去对接的是每一位个体粉丝，实际上其所面对的是每个粉丝背后更为庞大的用户数量，这些用户都是潜在粉丝。

用户运营者除了要用多种方法吸引粉丝，还需要去竭尽全力维护粉丝。用户运营者应该将粉丝当作是自己的朋友，利用新媒体平台与粉丝们保持互动，通过互动可以获得更加丰富的用户信息，从而为绘制用户画像提供助力。

用户数据分析是用户运营者的主要工作，通过关注用户反应和数据信息，可以了解运营推广的效果。根据用户数据分析结果，用户运营者需要与其他运营者进行沟通，制定相应改进方案或安排下一步运营推广计划。

三、活动运营者基本工作素质

活动运营者需要具备察觉用户心理和策划创意活动的能力。什么样的活动，用户愿意去主动参加？如何设置活动环节才更加合理？怎样让用户去自觉传播活动？这些都是活动运营者需要考虑的问题。

活动策划最主要的一点在于落实。再精美的活动策划案，如果无法付诸实施也是纸上谈兵。充满创意的活动策划制定出来后，就要迅速开展落实，这样才能确保活动效果，也才能够防止被其他竞争者捷足先登。

在新媒体运营团队中，还有其他一些关键岗位。这些新媒体运营岗位的一个共同特点就是要以"拉新、留存、促活"作为直接目的，以转化获利作为根本目的。只有在这样的目标支配下，运营者才能更好地完成各岗位工作。

当然，紧盯目标的同时，运营者还需要努力完成各自的细分工作，团队各岗位间也要相互配合，只有这样才能形成合力，提高新媒体运营的整体效果。

新媒体运营应具备的思维

在新媒体行业日新月异发展的今天，新媒体运营凭借门槛低、上限高的优势成为了许多毕业生追逐的目标。看上去新媒体行业当前呈现出异常火热的态势，但从实际情况来看，新媒体行业的现状其实并不乐观，至少从长期职业规划来看，新媒体运营还存在着很多未知因素。

事实上，当前从事新媒体运营工作的人并不少，但真正优秀的新媒体运营者却并不多。新媒体运营基本涵盖了一个产品从调研规划到生产销售，再到反馈改进各个阶段的内容。想要成为优秀的新媒体运营者，除了要熟悉不同阶段的工作内容，还需要具备一些思维能力，如图 3-2 所示。

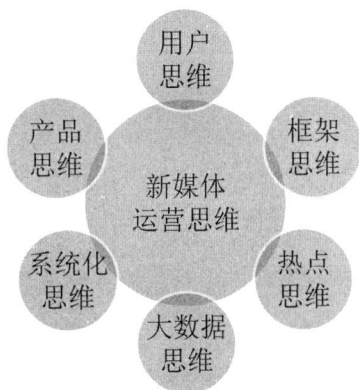

图 3-2 新媒体运营思维

新媒体运营思维主要包含以下六种。

一、产品思维

想要做新媒体运营，就要搞清楚通过新媒体平台，想要达到什么目的。

是想要卖产品，还是输出企业价值观。只有弄清楚目的，才能继续开展新媒体运营工作。

拥有产品思维的运营者会将新媒体看作是一个产品，通过这个产品，运营者可以与用户沟通互动，用户也能够认识和了解运营者。将新媒体作为一个产品来打造，就是产品思维的典型应用。只有认识到新媒体的价值，才能运营好新媒体。

二、用户思维

一个合格的新媒体运营者，一定是对自身目标用户有着充分了解的。他们会去迎合目标用户的口味，围绕目标用户去推广宣传。这就是一种明确的用户思维，知道哪些用户是自己的目标用户，懂得区分用户的重要程度。

大多数男生讨厌咪蒙的文章，许多年轻女性却对其青睐有加。这是因为咪蒙公众号的目标用户就是年轻女性，其主打的文章风格也更贴近年轻女性的阅读感受和审美体验，也正因此，咪蒙的文章才会受到广大女性的喜爱。

三、框架思维

不仅新媒体运营者需要运用到框架思维，每个行业领域的人都可以用到框架思维。无论是一场大型活动策划，还是一篇短小的文章创作，先梳理好其中的关键点，这有助于更好地实现目标。

框架思维就是在做一件事前，先搭建起一个框架。就好像是盖房子，在盖房子时，会先搭建起一个框架，然后再用砖头或木料进行填充，最后才是安装门窗、粉刷房间。有了框架之后，后面的工作就会井然有序。

在新媒体运营中，很多运营新人会出现辛辛苦苦工作一天，却完全达不到预期结果的情况，这就是缺乏框架思维所导致的。如果运营新人能够先将结果制定好，再从结果去倒推前面的工作内容，在整个过程中弄清楚达到这一结果需要做好哪些关键准备，将重点一一列出，围绕这些重点展开工作，行动就会指向最终结果。

四、热点思维

新媒体运营者要拥有热点思维，这不仅表现在懂得抓热点、蹭热点，更主要的还要能够"创热点"。在这里，"双十一"就是一个很好的例子。原本只是一个普通到不能再普通的日子，现在被赋予了"购物节"的名头，而且大多数人更是顺理成章地接受了这一变化。在"双十一"之后，"六一八""八一八"等购物节也随之出现，只不过相比于"双十一"，后面这些已经不能算是热点了。

五、大数据思维

当前，大数据技术已经被广泛运用于新媒体运营中。通过大数据技术，新媒体运营者可以知道用户喜欢在什么时间阅读文章，用户习惯用什么方式来阅读文章，哪种文章类型更受用户喜欢等信息。

新媒体运营者必须要具备大数据思维，重视大数据技术的应用。只有善于用大数据技术进行分析，才能创造出更受用户欢迎的新媒体产品。

新媒体运营中的大数据分析，既包括事前分析，也包括事后分析。

在推送一篇文章之前，新媒体运营者需要对以往的大数据信息进行分析，了解这种类型的文章是否会被用户喜欢，是否能让用户在上面花费时间或金钱。这是利用大数据技术进行的事前分析。

在文章推送之后，新媒体运营者需要通过对推送后产生的实际数据进行归纳总结，一方面要分析总结此次推送的经验和教训，另一方面也是为下次推送做好准备。

六、系统化思维

系统化思维也可以称为生态化思维。一个优秀的新媒体运营者，不能单纯将眼光局限在单个产品或媒体平台上，而是要看到整个新媒体行业生态。

生态化思维表现在平台内部，主要是了解自己的产品生态是否有更多的人能够参与进来，是否能够更好地输出和变革内容；表现在平台外部，就要看同类型竞品，以及上下游产品特征、平台特征等内容。另外，还需要将眼光定位于更为长远的未来。

想要拥有以上思维模式，单纯依靠先天的资质是无法实现的。只有养成不断探索、勤于学习的态度，才能在一次次历练中成长。新媒体运营并不是闭门造车，多考察竞争对手，多分析市场形势，不断将各方资源整合到一起，这样才能实现资源价值的最大化利用。

新媒体运营的阶段及流程

移动互联网的快速发展，催生了众互联网产品。基于移动端，新媒体平台异军突起，开始在互联网市场上攻城略地。越来越多新媒体平台开始发展成为超级应用，获得了巨量的用户数据。

当前，互联网技术已经渗透到生活的方方面面，一大批年轻人开始加入新媒体运营的工作中。新媒体运营也逐渐成为企业营销宣传、打造品牌形象的重要手段。

无论是企业还是个人，进行新媒体运营大多要经历 3 个阶段，如图 3-3 所示。

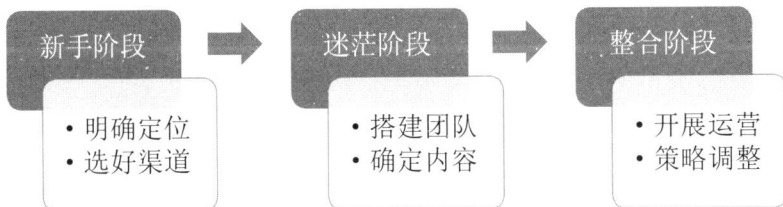

图 3-3 新媒体运营的三个阶段

下面是新媒体运营阶段与流程介绍。

一、新媒体运营阶段

1.新手期

刚刚进入新媒体运营行业的企业和个人，都需要经历一段时间的新手期。当然，那些一开始就投入大笔资金打造新媒体运营团队的企业，也可能会直接过渡到下一个阶段。

在这一阶段中，新媒体运营者对于什么是新媒体运营还没有明确的概念。即使理论方面学得很明白，在实际应用时也会感到无所适从。在这一阶段中，大多数新手运营者主要做一些纯粹的执行工作，诸如论坛发帖、群发消息、活动执行等。通过一系列实践活动，新手运营者能够对运营的工作产生一个更为清楚的认知。

除了从事简单工作外，新手运营者还需要多学习一些运营方面的知识，多接触运营工具和运营平台，要不断向运营实操方面努力，诸如创作内容、策划活动、联系渠道等，这些工作都需要新手运营者慢慢尝试。

2.迷茫期

这一时期也可以称为困惑期或瓶颈期。到了这一阶段，运营者已经有一两年的新媒体运营从业经验，其主要从事的工作也从新手期的纯执行，变成独立负责某个运营环节的执行。

这一阶段中，运营者已经表现出来某项运营技能，也开始逐渐向这一阶段发展。但从整体来看，运营者并没有与新手运营者拉开过大距离，在实际工作中的表现也并不是特别突出。

在迷茫期中，运营者应该努力提升自己看问题的角度，要用多种思维去分析和解决问题。同时，还要将运营看作一个整体，在完成职责范围内的工作后，多去关注其他环节的内容，提出相应的解决方案，更好地帮助自己了解运营工作的全局。

在这一阶段，一些运营者会感觉自己在能力上无法继续提升，这是因为他们忽略了运营能力的横向发展，一味在纵向上寻求突破。内容创作进入瓶颈，却依然抓着内容不放，这是很多运营者陷入迷茫困惑的一个重要原因。这种时候不如换个方向、换种思维，或许能收获"柳暗花明又一村"的惊喜。

3.整合期

这一阶段的新媒体运营者，很多都拥有自己的团队，对产品、用户都有了较深的认识和理解。对活动策划、用户运营、渠道推广、数据分析方面也都有了一定的实践经验和见解。

此时，新媒体运营者需要明确运营的具体方向。在此之后，就要制定策略、组建团队，推动并落实决策，保证新媒体运营的效果。

新媒体运营会涉及诸多复杂内容，而且不同的产品，具体的运营方式也会有所不同。新媒体运营者应该从新手期开始就一面学习理论知识，一面开展运营实践，建立起自身独特的运营体系，提高自己的运营能力。

一个完整的新媒体运营流程，会涉及许多细小的环节。一些处于新手期的运营者往往会将新媒体运营看作是微信、微博账号的运维。这种观点是片面的，也是不准确的。大多数新媒体运营会最终落脚于品牌的塑造和产品的销售，基于这一点，新媒体运营者会采取各种举措和方法达成目标，而微信、微博账号的运营和维护只是其中的一个细小环节。

二、新媒体运营流程

1.明确定位

新媒体运营的首要流程是明确定位。这种定位不仅是新媒体运营者的自我定位，同时也包括核心产品和核心卖点的定位。在此基础上，运营者还需要锁定目标用户群体，制定相应传播策略。

对于个人运营者来说，搭建自己的自媒体传播体系是十分必要的。这样能够更好地拓展资源，掌握传播推广的节奏。

2.选好渠道

对于新媒体来说，渠道即是平台。新媒体运营不仅要做好内容，也要选好渠道。

一般来说，常见的新媒体渠道包括微博、微信、贴吧、QQ群、今日头条以及各种视音频平台。运营者可以在这些新媒体渠道上注册账号，进行新媒体营销宣传。选择这些渠道时，主要根据自身目标用户属性来确定，哪里的目标用户多，哪里传播效果好，就去哪些渠道宣传。

此外，除了这些运营者自己可控的新媒体渠道外，还可以和一些新媒体渠道进行合作。通过利用其他人的微信、微博等渠道，进行新媒体营销宣传。这些可供合作的新媒体渠道，往往拥有较大的用户基数。当然，用户基数越大的新媒体渠道，进行营销宣传所要支付的费用也就越高。

3.搭建团队

想要进行新媒体运营，没有一个完善的团队是万万不行的。新媒体运营团队的人数主要根据具体实际需要来确定，但其中有几个主要角色是不可或缺的。

新媒体运营主管主要负责统筹和策划新媒体运营工作。新媒体运营主管需要清楚哪种新媒体运营平台更适合，同时对于社会热点事件营销要有一个整体上的把握。运营主管主要负责新媒体运营部门的管理，是连接企业和新媒体运营部门的重要纽带。

新媒体内容运营所处理的无外乎文字、图片和视音频内容。这就需要一个能够将企业产品特点用这几种方式传播出去的人，这也正是新媒体内容运营者存在的作用。

最初新媒体内容运营者可能只负责单一新媒体平台的内容运营，但随着企业规模扩大，出于宣传需要，新媒体内容运营者应该快速提高自身能力。

新媒体用户运营者也是新媒体运营团队中的重要角色。想要更高效地获得用户资源，就要精准定位目标用户。新媒体用户运营者可以对用户数据信息进行分析，制定出切实可行的用户推广方案。在这一基础上，内容运营者才能更好地进行内容创作，提高营销宣传的效果。

4.确定内容

这一阶段主要有几个问题需要运营者来确定。

首先，选择什么样的方式进行营销宣传。这是第一个问题，也是运营者必须要确定下来的问题。一般来说，新手运营者要根据自身产品特点来确定传播方式，而经验较为丰富的运营者则更倾向于综合利用多种不同的传播方式。

在传播方式选择上，并不是方式越多样，效果就越好。有时，选择一些并不常见的传播方式可能会取得意想不到的效果。当前较为火爆的短视频和直播为新媒体运营者提供了一种新的传播形式，而 VR 和 AR 技术的应用，也为信息传播提供了一种新的可能。

　　其次，选择怎样的内容风格，以及如何来进行内容生产。这是两个问题，但也可以放在一起来讨论。内容风格以文章为例，可以是文艺小清新风格，也可以是幽默搞笑风格。只要是与产品风格相切合，任何一种内容风格都可以使用。

　　在确定内容风格的同时，还要确定内容的生产方式。是纯原创，还是转载、翻译，这一点要根据新媒体运营团队的实际情况来确定。

　　基本上做好前面这些流程的准备工作后，就可以踏上新媒体运营之路了。在正式运营之前，很多新媒体运营者会尝试试运营，通过试运营来发现整个流程中存在的问题，并及时更正。这种方式能够更好地保证运营效果，很值得借鉴和应用。

第四章　自媒体运营平台分析

头条号

头条号是今日头条旗下的媒体平台，于 2013 年上线。利用这一平台可以帮助企业和个人在移动端获得更多曝光，扩大自身的影响力，进而实现品牌价值传播和内容创作变现。此外，头条号也能够为今日头条输出更多的优质内容，满足用户的不同需求。

头条号在宣传时打出的口号是"你创作的，就是头条"，它可以通过强大的智能推荐算法，让更多优质内容得到曝光。其所具有的版权保护机制，也能让原创作者远离侵权烦恼。从其发展历程来看，头条号确实为内容变现提供了更多可能和便利。

头条号媒体平台发展到今天，在注册难度上降低了很多。最初头条号的申请需要层层审核，现在只要输入自己的身份信息就能够申请下来。

从上线到现在，头条号发生了很多变化，除了注册难度降低外，新手期的取消也是新媒体运营者的一大福利。早期的新媒体平台大都有新手期，在新手期，运营者的权限会受到限制。头条号在新手期时，一天只能发一篇文章，而在正式运营后每天可以发五篇。

权限上的差别对于新媒体运营者的影响是非常大的，如果达不到平台规定的转正条件，就没有办法获得更多权限。最初头条号申请转正的程序非常烦琐，一次不成功，还要等待半个多月时间才能继续申请。而现在取消新手期后，运营者就可以直接获得转正后的权限，省去了很多麻烦。当然，真正决定运营效果的还是内容质量，新手期的取消只是为运营者提供了程序上的便利。

　　除了取消新手期外，头条号还更改了运营指标。之前的运营指标主要是通过头条指数进行计算的，现在则改为了粉丝数。也就是说，粉丝数开始和运营者的运营收益挂钩。想要获得更多收益，运营者就要想办法去增加粉丝。

　　除了这些大的调整外，头条号还进行了一些新项目的调整。此前，运营者在使用"自营广告""图文原创""外涂封面""母子号""视频原创"等功能时，要达到一定的粉丝数量，并按照规定进行申请。现在头条号删除了申请条件中对粉丝数量的限制，同时还调整了一些功能的申请门槛，只要满足相应条件，运营者就可以去申请相应的功能。

　　在这些功能中，原创功能是每一位运营者都应该去申请的功能。相对于非原创内容，平台更倾向于给予原创内容更多的流量和推荐机会。头条号的阅读量和推荐量是相联系的，推荐量越高，阅读量增加的概率就会越大。

　　在大多数媒体平台中，今日头条的媒体流量是非常高的。媒体流量是曝光率的保障，依托强大的流量资源，配合优秀的新媒体运营能力，运营者就能够取得很好的效果。

　　此外，新媒体运营者还可以通过以下一些细节来提高传播内容的阅读量。

一、做好原创内容

　　运营者不仅要坚持原创，而且要保证内容更新的持续性和稳定性。好的内容能够增加曝光率和阅读率，同时也能有效减少粉丝的跳出率。只有让粉丝从内容中"有所得"，运营者自身才会"有所获"。

二、选择兴趣领域

　　个人运营者应该选择自己的兴趣领域，坚持在自己擅长的领域中创作。这样能够保证垂直度比较高，内容的质量也更容易获得保障。

三、积极开展互动

　　运营者应该主动回复读者评论，与读者保持互动。除了与读者互动外，运营者还可以与其他运营者展开互动，从而为自己带来曝光量，获得更多的点击和订阅。

四、传播内容健康美观

运营者发布的内容要符合平台规定的要求，不能涉及黄赌毒的话题和内容。文章标题也要与具体内容相符。在内容排版上要力求美观，可以有新意，但不能去恶搞，传播的信息要健康，不能传播不良信息。

头条号是当前较为火爆的媒体平台，依靠今日头条，能在流量上占有很大的优势。作为今日头条的一大内容供应源，今日头条依然会加重对头条号创作者的扶持力度,同时还会继续完善各种福利功能。对于自媒体运营者来说，头条号是一个不可忽视的自媒体平台。

一点号

一点号是一点资讯旗下的新媒体平台。一点资讯是一款融合了搜索和个性化推荐技术的兴趣引擎，主要为用户提供私人订制的精准咨询。其主要有时政新闻、财经质询、社会热点、军事报道等诸多板块。

一点资讯已经逐渐成为移动互联网时代的内容分发平台，其内容可以分发到一点资讯 APP、小米浏览器、凤凰新闻客户端、手机凤凰网、凤凰网、OPPO 浏览器共六大分发渠道中。这就在很大程度上保障了自媒体运营者传播的内容能在更多平台获得曝光。

自媒体运营者在一点资讯平台发布内容，主要通过一点号来完成。一点号与头条号非常相似，都采用算法分发制度。这就为新手运营者提供了便利，即使刚刚入驻平台，只要制作的内容质量好，也能够获得更高流量支持。

一点号在注册流程上，主要包括以下几个环节。

（1）通过点击一点资讯网页中的一点号，进入到一点号申请界面中。点击入驻后进入到入驻类型选择界面，如图 4-1 所示。

图 4-1 一点号入驻类型界面

（2）入驻类型选择界面主要有个人媒体、机构媒体、政府政务、企业、其他组织等可供选择。运营者可以根据自身情况选择相应的入驻类型。

选择个人媒体，需要填写相应的个人信息。选择企业媒体，则需要填写相应的企业信息。在填写信息时一定要认真填写，这关乎平台账号申请能否顺利通过。

（3）在填写完媒体账号信息之后，只要等待平台审核就可以了。审核通过之后，运营者便可以通过后台进行各种操作。一点号的运营者信息界面如图 4-2 所示。

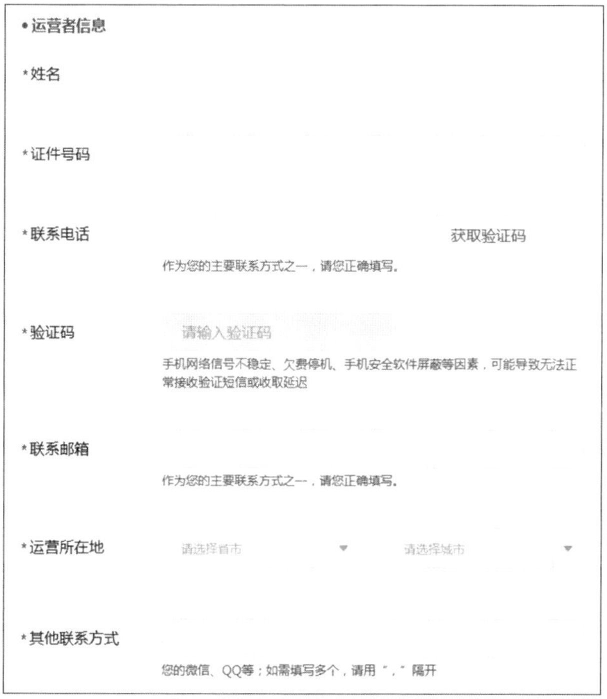

图 4-2　一点号运营者信息界面

想要提高一点号的曝光度和阅读量，同样需要注意一些细节问题。除了在前面小节中提到的内容，还有以下两点需要注意。

一、选好标题

一点资讯是基于算法分发制度的平台，标题精彩的文章，更容易得到推送。因此，运营者在发布信息时，可以多在文章标题上下功夫，尽量写一些大众比较感兴趣、愿意点击的标题。当然，一定要避免成为"标题党"，这会影响自身的长远发展。

二、少放广告

一点资讯对于内容的审核非常严格，如果运营者发布的内容中出现两处以上软文宣传、活动宣传的信息，就会无法通过审核。在变现方面，一点号对于自媒体运营者的限制较为严格，因为是内容分发平台，所以对广告信息和软文推广的把关很严。

在 2018 年 6 月 19 日，一点资讯宣布"一点号 MCN 管理平台"正式上线，MCN 是"Multi-Channel Network"的简称，其主要就是在资本的支持下，保障内容持续输出，从而实现稳定的商业变现。简单来说，就是帮助新媒体运营者实现内容变现。

一点资讯推出的"一点号 MCN 管理平台"旨在与各类 MCN 机构合作，通过母账号邀请子账号加入 MCN 矩阵，来进行统一管理。成功入驻一点号 MCN 账号后，将会在流量倾斜、原创加权、数据排行、极速审核方面得到重要支持。

现阶段，"一点号 MCN 管理平台"刚刚起步。一点资讯方面表示，一点号将开展各个垂直领域 MCN 机构接入合作，基于一点资讯平台，共同建设各垂直领域的一点号和内容。从这一点来看，一点号内容运营在未来将会具有不错的商业变现前景。

企鹅号

企鹅号是腾讯旗下的一站式内容创作运营平台，其为自媒体提供了多出口多场景的分发渠道，致力于帮助媒体、企业和机构获得更多曝光和关注。

在企鹅号上发布的文章或视频，会在天天快报、腾讯新闻客户端、腾讯视频、QQ 公众号、手机腾讯网、QQ 浏览器等多平台渠道分发。运营者在此发布的优质内容，将会获得更多曝光。

企鹅号的申请方式非常简单，但运营者在最初会进入一个"试运营"阶段，在这一阶段是没有任何推荐的。没有推荐，也就没有流量，运营者只有度过这段"难熬"的阶段，才能进入正式运营阶段。进入正式运营阶段后，就可以获得各种推荐，流量也会随之增长。

企鹅号内容开放平台支持手动发文、微信同步、RSS、内容抓取、开放平台接入等内容创作方式。

微信同步即开通微信内容源同步，支持将微信公众号内容自动同步到腾讯内容开放平台。在开通微信同步后，微信公众号中的所有内容将会自动同步，同时也可以在企鹅号内容开放平台的内容管理条目下的微信内容中查看或删除内容。

对于开通微信同步的运营者，如果已经开始正式运营，且企鹅号的信用分为 100 分，便可以自动开通流量主，获得文章底部广告收益 100% 的分成。

RSS 同步即开通 RSS 内容源同步，支持企鹅号运营者将内容通过 RSS 的方式同步到腾讯内容开放平台。在开通 RSS 同步后，RSS 的所有内容将自动同步，同样可以在腾讯内容开放平台进行查看和删除。有关 RSS 同步的注意事项如图 4-3 所示。

想要通过企鹅号进行自媒体营销宣传，首先要通过试运营阶段。想要通过这一阶段的考核，需要注意以下几点技巧的应用。

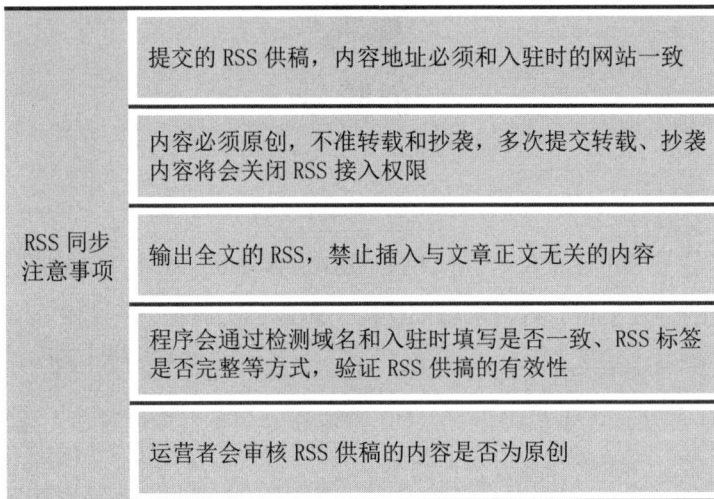

图 4-3　RSS 同步的注意事项

一、内容垂直度高

在注册企鹅号时，需要填选擅长领域。选择了什么领域，就要发表什么领域的内容，也就是说内容垂直度要高。如果注册账号时选择了汽车领域，就不能今天发娱乐，明天发美食，必须要专注于汽车领域的内容。

二、保持首发

很多运营者都会将一篇文章发布到多个媒体平台上，以此来获得最大化收益。但很多媒体平台都会非常注重文章的首发性，企鹅号也是如此。运营者只有将自己创作的内容第一个发布在企鹅号平台上，才有可能获得更多推荐。

三、原创

原创是每个媒体平台都会有的要求。在运营企鹅号时，原创内容更容易得到推荐。

四、拒绝不良信息

运营者在创作时要保证内容的质量，同时还要保证内容中不得涉及低俗色情的东西。企鹅号在这方面的审核是非常严格的。

五、选题贴近热点

运营者在选题时最好选择最近的新闻热点，并与自己所选领域相结合。在配图时，也要结合相关热点内容。在未通过试运营前，不要发布带有广告信息的内容。

在 2016 年，企鹅号媒体平台启动了"芒种计划"，宣布将广告分成 100% 分给内容运营者，同时拿出 2 亿元来扶持优质的自媒体人进行内容原创。在 2017 年，企鹅号媒体平台又发布了"芒种计划 2.0"，进一步加强了补贴和收益政策，同时为自媒体运营者进行内容创作提供了更多便利与帮助。

根据"芒种计划 2.0"的规定，企鹅号平台的运营者将会获得 10 亿元的补贴支持，内容分发的流量也会参与分成。

企鹅号获得广告分成主要需要满足以下几个条件：

（1）入驻满 30 天，正式运营（后台右上角状态为"企鹅号"）。

（2）发文被推荐满 20 篇（文章推荐量大于 0）。

（3）文章质量优，发文与媒体定位一致。

（4）无违规记录。

只要符合条件的企鹅号都可以申请开通流量主，企鹅号运营者可以通过流量主获得收益。运营者的收益会与阅读量挂钩，阅读量越高，收益就越高。当账号达到更高条件后，可以申请原创标签，原创文章的广告分成收益会翻倍计算。

在 2017 年，腾讯在 25 个城市开放了 30 个众创空间，100 万平方米的办公场地免费或低价提供给企鹅号运营者。同时企鹅媒体平台还设立了 2 亿元的投融资基金，主要补贴方向聚焦在优质内容、原创内容、短视频和直播类内容上。尤其是在对短视频的补贴上，企鹅媒体平台对短视频的流量奖励力度增大了很多。

百家号

百家号是百度为内容创作者提供的媒体平台。通过这一平台，内容创作者可以实现内容发布、内容变现和粉丝管理。百家号中的内容主要通过百度资讯流和百度搜索等百度产品进行分发，内容创作者可以通过内容创作获得流量和收益。

百家号在 2016 年 9 月 28 日正式对所有作者开放，在 2017 年 5 月 27 日，百度百家平台和百家号进行全方位合并，在百家号发布的内容可以直接在 PC 端和移动端得到展示。

从 2017 年 10 月 12 日起，百家号取消了等级的概念，此前的新手期、初级、中级和高级的评定，转变为新手、正式运营和原创阶段的划分。

在百家号升级之后，不同阶段创作者获得的权益也是不同的。为此，内容创作者需要实时观察自己的账号状态，一旦达到了某一权益的要求，就要主动去申请进阶，这样才能让自己更快获得更多权益。

在注册百家号 7 天以上，百家号指数大于或等于 500 后，就可以申请转正，转正成功的创作者便度过了新手期。当然，这些条件只是转正申请的条件，具体能否通过转正，还需要人工审核评估账号的发文质量才能知道结果。

百家号度过新手期的技巧与其他自媒体平台相差不多，除了要选择好注册领域外，还要尽量保证内容的垂直度。此外，在新手期保持活跃也是很重要的一点技巧，在新手期保持每天发布一篇内容，对于提高活跃度，通过新手期审核是很有帮助的。

通过新手期之后，内容创作者会进入正式运营阶段。这一阶段每天发文的数量可从 1 篇上升到 5 篇，同时可以获得广告分润。在满足相应条件后，还可以去申请更多权益。对于内容创作者，尤其是内容原创者来说，原创标签无疑是最为重要的权益之一。

想要在百家号上拿到原创标签，需要满足以下几方面条件，如图 4-4 所示。

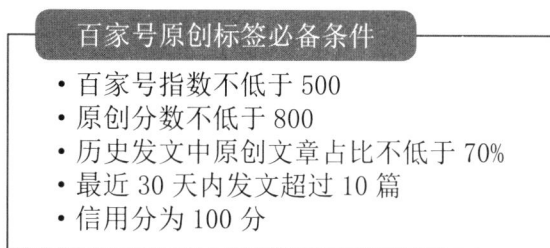

百家号原创标签必备条件
- 百家号指数不低于 500
- 原创分数不低于 800
- 历史发文中原创文章占比不低于 70%
- 最近 30 天内发文超过 10 篇
- 信用分为 100 分

图 4-4　百家号原标标签必备条件

从这些条件可以看出，百家号对于作者的原创要求是比较高的。这就要求内容创作者要更加努力将内容创作好，原创度越高，越容易通过审核。

在运营百家号时，要时刻注意百家号操作的一些具体要求。

例如，在上传视频时，要上传 2G 大小以内的视频，如果视频大小超过2G，可以先利用视频压缩软件压缩后，再进行上传；在选择标题时，要在标题中尽量体现内容的关键词，同时多在标题中表现一些用户时常遇到的问题，这样能更好地吸引读者去点击阅读。

此外，百家号上对封面图的要求是大于等于 660*370，比例最好是 16∶9。在制作封面图时，要清楚百家号平台对封面图的要求，进而有针对性地做出调整。

百家号的投放效果和表现主要通过百家号指数来体现，百家号指数包括内容质量、领域专注、活跃表现、原创能力、用户喜爱共五个维度，通过综合计算得出评分结果。分数越高，账号的质量就越好，相应的流量就越大，获得的权益也就越多。

内容质量主要是指内容创作者发布内容的质量。质量越高，得分就会越高。如果创作者发布低俗内容的信息，或者出现抄袭行为，被平台发现后会导致内容质量评分降低。想要提高内容质量的评分，可以从内容标题、封面和具体内容方面下功夫。

原创能力主要根据创作者发布的原创内容来评定，发布的原创内容越多，这项评分也会越高。

活跃表现主要与创作者内容发布频次有关。内容发布的频次越高，连续性越强，这项评分就会越高。提升活跃度主要靠每日更新。此外，参加一些平台活动也能相应提高活跃表现评分。

用户喜爱主要表现在用户参与度如何，其中包括用户的点击、停留、转发和评论等操作。用户活跃度高，与创作者互动性强，创作者的这项评分就会相应升高。相比于其他评分标准，想要提升此项评分，创作者需要深入分析用户喜好，结合相应数据进行内容创作。

领域专注主要与内容创作者发布的内容垂直度有关。内容分类越整齐，所得分数就会越高，同时这样还能够吸引更多精准粉丝，提升自己的账号价值。

从百家号指数中，内容创作者能够审查自身内容创作的各个方面，对创作能力的提升会有很大帮助。

在收益模式上，百家号的收益模式主要有广告分润和"百+计划"。广告分润功能的开通，需要创作者首先通过新手期。这种收益模式相当于渠道分成，不同渠道对创作者的补贴也会有所不同。

"百+计划"是百家号为鼓励原创所推出的激励方案。从2017年8月开始，"百+计划"通过每月的"原创作者榜"公布获奖作者，每位获奖作者可以获得最高万元的创作奖金，同时还能获得百家号提供的各项定制权益。

想要参加"百+计划"，需要同时满足三个条件，如图4-5所示。

"百+计划"参与条件

- 开通百家号大于等于30天，并没有违规行为
- 近30天内发布原创优质文章大于等于6篇
- 账号已经开通原创认证功能

图4-5　"百+计划"参与条件

百家号是百度倾力打造的媒体平台，对于自媒体运营者，尤其是新手运营者来说，是一个十分优质的平台。

网易号

　　网易号是网易传媒打造的自媒体内容分发和品牌推广平台，集高效分发、原创保护、现金补贴和品牌助推于一体，主要依托于网易传媒。

　　网易号主张"各有态度"，其背靠网易新闻，用户量累计达 3.6 亿。网易号的跟帖互动，能够更好地引爆话题，获得浏览量。网易号运营的关键是获得编辑推荐，得到编辑推荐的内容在阅读量上会呈现出明显提高。

　　网易号拥有自己的奖励制度，平台会根据文章阅读量、订阅数、分享数、跟帖数、原创视频或者原创文章等因素进行考核。考核会划分五个不同星级，星级越高，获得的奖金也就越高。

　　不同星级的运营者，享受到的权益也是不同的。刚入驻网易号的星级是 1 级，这一时期，运营者需要保持每天更新高质量内容来提高星级。星级越高获得的推荐也就越多，达到 3 星以上的账号就可以分享该级别的奖金池。

　　每个人都会进行一次奖励考核，在达到标准后，就可以进行升级。如果没有达到相应的星级标准，同样会被降低星级。

　　除了奖励措施外，网易号也有相应的处罚措施，这些措施与其他媒体平台都大同小异。如果在网易号中发布违法内容、低俗信息、抄袭文章，运营者就会面临封号、降级等不同程度的处罚。

　　想要让自己的内容得到推荐，需要掌握一些内容推荐技巧，运营者可以从以下几个方面去努力，如图 4-6 所示。

图 4-6 网易号内容推荐技巧

一、写好标题

标题是读者第一眼看到的内容，影响着读者对整篇内容的印象。在编写标题时要尽量新颖有吸引力，减少错误和语病。更不能文不对题，用标题做噱头吸引关注。

二、内容为王

不仅是网易号，所有自媒体平台都需要高质量内容。在网易号中，运营者需要让自己的内容被锁定。锁定后的内容会通过人工审核，然后根据文章的质量判断是否可以推荐到网易 APP 之中。如果能通过人工审核，顺利被推荐，那就会获得很多流量。

三、抓关键字

网易号在分类文章时，会通过机器提取关键词，然后将这些词用分类模型进行分析，选择命中分类词库比例最大的作为文章的分类标签。比如，一篇文章中提取出了沈腾、开心麻花、夏洛等关键词，那这篇文章就有可能会被分类到电影、喜剧、娱乐等类别中。

运营者需要在文章中多使用能够区分类别的关键词，这样才能保障内容获得更多曝光。

相较于文章内容的收益，网易号视频内容的收益相对要多一些。网易号视频常常是先审后发，所有上传的视频都需要经过机器审查和人工审查。在审查过后，还要按照标题、关键词、兴趣点等将内容分派给机器进行个性化分发。

想要通过网易号视频获得高收益，就要努力提高视频的推荐量。具体来说，可以从以下方面着手。

1.视频标题

在拟定视频标题时要尽量完整通顺，多使用中文标题。标题中存在热词，更容易吸引读者的兴趣。

2.视频描述

运营者要用精简的话语描述整个视频的内容，在这些描述语中要体现出关键词。

3.视频内容

优质的视频内容更容易得到推荐，但什么是优质的视频内容却又很难定义。运营者要根据视频类型和用户类型综合分析，选择用户喜欢的、想要的的视频内容。

4.视频标签

视频标签应该以名词为主，少选择语气词和形容词，同时在数量上要控制在 3 到 5 个，且每个标签尽量在 5 个字之内。

5.视频封面

视频封面要选择清晰的图片，这样不仅能够提升用户体验，同时也有利于机器识别。视频封面有自动和主动上传两种：选择自动方式，系统就会从封面图中随机挑选一张；如果选择主动上传，所上传的图片一定要符合平台的尺寸和格式要求，并且能很好地吸引读者。

6.视频分类

网易号视频分类主要有两级，一级分类必填，二级分类选填。视频分类越详细，越有利于推荐，因此，二级分类也需要认真填写。

7.及时互动

视频发布后，一旦收到用户评论，就要立刻回复。互动越频繁，越容易吸引用户订阅。互动数和订阅数越多，获得推荐的机会也就越多。

无论是视频内容还是文字内容，想要在网易号媒体平台上获得收益，运营者需要通过不断生产内容，提高内容质量，来提高自己的星级，只有这样才能获得更高的推荐量和阅读量。

大鱼号

大鱼号是阿里大文娱旗下的媒体平台，主要为内容生产者提供各类"一点接入，多点分发，多重收益"的综合服务。

大鱼号的内容分发渠道包括 UC 浏览器、优酷土豆等阿里文娱旗下的各种终端平台。大鱼号平台上的内容创作者还会在创作收益、原创保护等方面得到充分支持。

想要入驻大鱼号，需要经历五个关键环节。

一、注册账号

在大鱼号官网注册账号时，只能使用手机号或邮箱。注册用的手机号或邮箱将会成为使用者后续登录大鱼号的唯一凭证，同时也是唯一的登录方式。

如果是被邀请入驻的内容创作者，可以在选择账号类型时，通过点击页面下方的邀请码直接入驻。在点击邀请码入驻后，页面上方会出现填写邀请码的输入框。如果没有在申请页面填写邀请码，那后续在使用大鱼号过程中，将无法享受邀请入驻的相关权益。

二、选择账号类型

大鱼号的账号类型主要分为个人、媒体、企业、政府和其他组织等几个部分。

个人主要是个人内容创造者。媒体则可以分为机构媒体和群媒体，机构媒体为报纸杂志、电视电台、新闻网站等获得国家认可资质的媒体机构申请；而群媒体则是以内容生产为主要产出的企业和创作团队；企业主要是企业、公司等机构申请，用于自身商品和品牌推广；而政府则主要是中央及全国各级各地政府机构、事业单位等职能部门；其他组织主要包括各类公共场馆、公益机构、学校、社团等不属于个人、媒体、企业、政府的其他组织。

入驻的账号类型要谨慎选择，一旦账号申请成功，账号主体类型就无法再进行变更。

三、填写资料

不同账号类型所需要填写的资料也存在一定的区别。大鱼号在注册时，对账号名称、账号简介、账号头像、授权运营者信息等内容都有严格规定。内容创作者应该根据相应规定进行填写。

想要修改账号资料，需要在账号审核通过后，登录大鱼号，在账号管理页面进行自主修改。

当前，大鱼号的信息内容主要包括名称、领域、介绍、头像、所在地和绑定的微信公众号等。这些信息内容中，名称和领域，在 3 个月内仅允许成功修改一次，而其他信息内容则每月允许成功修改 1 次。

四、等待审核

大鱼号上内容创作者的入驻申请会在三个工作日内审核完成，无论是否通过审核，申请者都会收到短信或邮件通知。在通过审核后，申请者的账号将会进入到试运营阶段。

如果收到审核未通过的结果，通常在审核结果界面都会告知审核不通过的具体原因：有可能是账号名称不符合规范，有可能是头像不符合具体要求，也有可能是账号类型选择不正确。申请者需要根据审核结果界面的反馈，进行有针对性的调整，然后重新提交申请，等待审核。

五、进入试运营阶段

只要账号申请被审核通过，账号就会进入"试运营"状态。此时，申请者可以使用大鱼号后台的大部分功能。但在具体权限上，试运营阶段和正式运营阶段（转正期）还存在许多方面的差别。因此，运营者需要在试运营阶段多发高质量作品，借此来快速通过试运营阶段。大鱼号不同运营阶段的各项权益如图 4-7 所示。

	试运营	转正期
每日作品发布数量上限	3篇/天	10篇/天
权益中心各项权益	不可申请	符合条件后可申请
收入权益	不可	符合条件后可申请

图 4-7　大鱼号不同运营阶段的各项权益

试运营阶段的账号，每天只能发表 3 篇作品，转正后可发表作品数将会上升到 10 篇。如果账号表现优异，每天可发表作品的数量还会继续上升。

试运营阶段的账号具备一些后台基本功能，可以发表文字作品，也可以发表视频作品，但不能申请任何权益。转正之后的账号可以申请开通权益，其中包括运营功能、原创保护、参与大鱼奖金、进行广告分成等。

处于试运营阶段的账号，只有成功转正才能开通收益，进而加入"大鱼计划"中，实现内容变现。

"大鱼计划"是大鱼号为优质内容创作者量身打造的一项激励计划，主要包括大鱼奖金、广告分成和大鱼独家激励三个部分。

"大鱼奖金"主要包括"大鱼图文奖金""大鱼短视频奖金""大鱼图文短视频双料奖金"和"大鱼潜力奖金"。最新推出的"大鱼潜力奖金"主要是为了扶持具有潜力的新手内容创作者。

"广告分成"是当内容创作者的内容运营能力达到平台要求时，平台给予内容创作者的广告分成权益。

"大鱼独家激励"则是一种大鱼号与优秀内容创作者更高层次的合作模式。内容创作者承诺独家供应符合平台要求的原创内容到大鱼号平台，其目的一方面是为了增加大鱼号平台的内容水准，另一方面也是为了提高优秀创作者的收益水平。

除了"大鱼计划"外，大鱼号还推出了"大鱼任务""大鱼榜单"和"大鱼学院"来帮助内容创作者更好地实现内容变现。

通过"大鱼任务"，内容创作者可以通过一个平台对接客户资源，承接广告推广需求。内容创作者可以在"大鱼任务"上完成客户产品和品牌推广的需求，以此来实现内容的商业变现。

"大鱼榜单"是通过大数据技术，综合账号在统计周期中的文章优质度、粉丝参与度、账号影响力等内容，得出的排行榜单。创作者可以通过提升文章阅读量和粉丝关注度，在大鱼榜单上争夺名额。同时，大鱼榜单的排行也是广告主寻找广告投放标的的重要参考。

在"大鱼学院"中，内容创作者可以通过参与各种形式的活动，来提升自己的创作技巧与专业能力，学习一些工具使用及品牌打造方面的内容。

从 2017 年 4 月开始，阿里文娱在原有 10 亿元内容扶优基金的基础上，又追加了 10 亿元纯现金投入，进一步激励内容创作者生产出优质内容。

知乎平台

知乎作为一个高质量问答社区平台，其用户群体相对于其他媒体平台更为专业。但从用户年龄层次来看，知乎用户大多集中在 18 到 35 岁。因此，在知乎平台上做运营之前，要首先搞清楚是否和自己的目标用户群体匹配。

知乎在百度的搜索权重很高，基本上在百度搜索的最前排就能看到知乎链接。这也可以看作是知乎平台的一个重要优势。

知乎作为一个综合性免费投稿平台，适合多种不同类型文章投稿。用户可以注册个人专栏，将内容发布到个人专栏之中，吸引读者关注，从而将读者引流到个人公众号或相关专栏中。

知乎用户分为个人用户和机构用户，二者间并无太大区别。机构号的最大优势就是可以通过新媒体运营来进行企业品牌宣传，知乎平台也希望机构用户能够生产出更多专业内容，丰富知乎平台的内容。

一般来说，新注册认证的机构号文章或者回答，至少会得到 500 以上的曝光。当前知乎平台入驻机构数量还并不多，极优质的机构大号数量有限。对于一些企业新媒体运营者来说，还存在着一定的"红利"。

相比于其他媒体平台，知乎在内容创作上有一些明显的优势。

一、搜索权重极高

知乎在百度搜索上的权重是 9 级，也就是最高级。与其他平台不同的是，知乎用户使用站内搜索功能，能够搜索到那些经典的"关键词问题"。因此，知乎在内容上具有极佳的长尾效应。

据统计，每天通过百度搜索进入知乎问答页面的流量就会超过百万。如果在知乎做好关键词优化，流量就会持续不断地流入。

二、容易获得阅读量

知乎的阅读量主要来源于自然流量和知乎推荐流量。知乎自带的平台流量分发会帮助优质内容得到极大曝光。这种曝光效果会远远超过微信等其他分发渠道的传播效果。

知乎的阅读量主要用"赞"的数量来表示，知乎将 1K 赞定义为微信的 10W 阅读量。实际上，根据后台数据显示，知乎的 1K 赞大约相当于 12W 到 20W 的阅读量。从这里也可以看出，如果花费同样的内容制作成本，知乎上出现爆款文章的可能性要远大于公众号。

知乎更追求优质内容，即使是名不见经传的运营者，只要能够生产出优质内容，就能够产生相应的价值。

由于知乎平台独特的传播逻辑，以及用户群体特征的差异，知乎平台对于优质内容的认知，与其他媒体平台有着一些明显的区别。想要通过知乎来做运营，首先要了解知乎平台的特性，然后再据此去生产相应内容。

在知乎平台上做运营，主要有几种不同的发展路径可供选择，如图 4-8 所示。

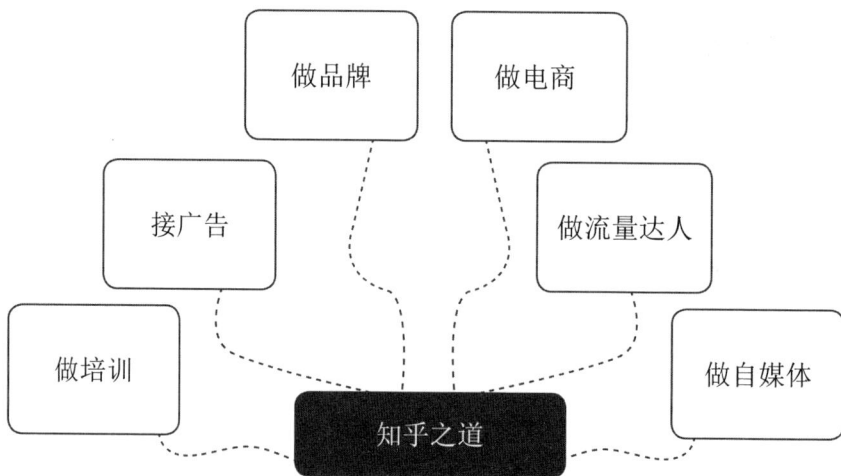

图 4-8　知乎平台的运营发展路径

1.做培训

这种运营路径主要是通过知乎平台塑造人设，然后将用户流量引流到公众号上，再去进行课程售卖和线下服务，如健身培训、职场培训、情感培训等。

2.接广告

这种运营路径主要是在知乎平台上深耕垂直领域，不断扩大粉丝基数，然后通过广告收入盈利，如美妆达人、电影推荐、音乐分享等。

3.做品牌

这种运营路径主要是通过专业优质的回答和科普，建立起专业的品牌形象，获得用户认同，主要是一些企业机构会选择这种路径去推广宣传自己的品牌。

4.做电商

这种运营路径同样要扎根垂直领域，通过知乎平台将粉丝引流到公众号或电商平台上，很多电商从业者会选择这种方式在知乎上做运营。

5.流量达人

这种运营路径主要是把知乎粉丝做大，然后导流到公众号，而后再通过公众号进行商务合作的方式，实现价值变现，这是绝大多数知乎大 V 的运营路径。

6.做自媒体

这种运营路径单纯因为个人喜好，遇到感兴趣的话题就回答，同时，还会接受一些软文或专业稿件的约稿。

从上面这几种路径可以看出，知乎平台无论选择哪种路径运营，想要获取收益，都需要进行引流。运营者需要将知乎平台上庞大的用户流量，引导到自己的公众号或电商平台上，然后才能获得收益。因此，运营知乎平台除了要懂得吸粉外，还要做好引流工作。

知乎平台的引流方法有很多种，下面介绍的是几种较为常用的引流方法。

1.设置文字尾巴

这种引流方式非常简单，运营者可以直接在回答和文章后面标记，其常用句式为"关注公众号，就可以看到更多我的分享""想要了解更多内容，可以关注我的公众号""主页中有我的微信，加微信可以获得更多信息"。

2.图片引流

这种引流方法主要利用回答或文章末尾的图片中暗示搜索公众号搜索路径，以及关注公众号的价值。在这里要注意，不要直接在图片上添加二维码，不然会被系统屏蔽掉。

3.巧设福利

通过福利诱惑引流是较为常用的一种引流方法。以知乎回答为例，在回答过程中，运营者需要让读者觉得这件事特别重要，而且你能把这件事解决得很好。在回答的最后，再抛给读者一个福利诱惑。

比如说，在回答"怎样通过稿费赚钱"的问题中，福利诱惑就是投稿平台清单，同时还可以给读者一些投稿教程、写作书单等，这样才能更好地吸引阅读者的注意。

4.专栏引流

专栏引流的关键在于内容要垂直而专业。每次在发布专栏内容时，可以选择三个不同标签。在选择标签时，尽量选择垂直且精准的，并且三个标签的概念尽量不要出现重复情况，这样就可以优化搜索，让用户在不同的主题下看到运营者的内容。

5.评论引流

评论引流的关键是寻找到"窗口"评论。所谓"窗口"评论就是向运营者询问问题，或者高度赞扬文章或回答的评论。在找到"窗口"评论后，还需要使用诱导性回复的方式，引起评论者的持续关注。随后，运营者可以将比较好的"窗口"评论和诱导性回复置顶，让更多用户看到。

知乎平台作为专业度较高的媒体平台，很适合运营者去打造自己的品牌形象，同时高度集中的用户群体也是自媒体运营者选择知乎平台的一个重要原因。

搜狐号

搜狐号是搜狐全力打造的分类内容入驻、发布、分发平台。其主要分发渠道为搜狐网、手机搜狐网和搜狐新闻客户端。各个行业的内容创作者都可以免费申请入驻，凭借搜狐三端平台的强大影响力，内容创业者可以通过获得粉丝支持，来提升自己的行业影响力。

从具体特点来看，搜狐号与其他平台号存在很多相似之处。搜狐号主要利用搜狐三端进行渠道分发，无论是手机用户，还是电脑用户，都能够通过搜狐媒体资源获得搜狐号中的信息。

在推荐机制上，搜狐号并不采用编辑推荐机制，而是根据文章本身质量和流量表现，来进行自动化推荐。也就是说，内容创作者的作品质量好坏，直接影响着其作品是否会获得推荐。

此外，根据垂直频道的属性，搜狐号上的文章会被推荐到搜狐媒体的不同板块之中。这样更利于专业化传播，不同类型的内容创作者可以在不同领域中更好地展现自己的能力。

想要做好搜狐号的运营，需要掌握一些具体的技巧和方法。这些技巧和方法同样适用于其他媒体平台，因此对于共性内容可以以此类推。

搜狐号虽然不像企鹅号和大鱼号那样拥有超高流量优势，但与其他媒体平台相比，搜狐号所发布的内容会被列入到新闻源中。这对于想要进行品牌宣传的企业来说，是一个非常好的内容发布渠道。

搜狐号的申请门槛较低，审核要求也并不严格。但想要真正运营好搜狐号媒体平台，则需要抓住以下几方面要点。

一、尊重平台规则

这一点对哪一个媒体平台都是适用的。想要运营好一个自媒体平台，首先要了解平台的规则，然后去遵守这些规则。当前，每个自媒体平台的规则都大致相同，但如果仔细研究，还是会发现一些差异性。

熟悉不同自媒体平台的运营规范后，在尊重规范的情况下，可以通过尝试性测试，进行推广活动，但要切记，不要因为操作上的违规而被人举报。

在搜狐号上，文章标题在 12~16 字，摘要在 90~120 字的文章更容易得到推荐。搜狐号并没有严格规定封面和摘要必须填写，但相对来说，规范的文章更容易受到欢迎。

此外，图文并茂的文章内容也比纯文字内容更容易被推荐。搜狐号在运营规范中明确禁止发布与自身账号类型不一致的内容。但在实际操作中，偶尔发布一些热点内容，即使偏离了自己的领域，也是可以的。这为软文营销提供了一定的空间。

二、结合热点选取内容

在搜狐号媒体平台上，结合热点内容的文章，更容易被平台和搜索引擎推荐。借助当前社会热点，将热点内容与自身文章内容相结合，不仅可以扩大文章的曝光率，同时还能为自己带来不错的流量，从而促进内容表现和个人品牌宣传。

一个典型的例子就是借助热播电视剧的热点内容来获取流量。可以选择电视剧中的热点人物、热点话题，将其融入自己的文章或标题之中。在保证文章质量的同时，也能让文章内容多一些热点元素。

三、将热点关键词添加到文章之中

想要运营好自己的媒体号，必须要对流量较高的关键词保持敏感，这是运营推广的需要。内容创作者需要对一些长尾词和流量关键词进行内容编辑，通过有效设计关键词，借助平台搜索权重来提高曝光。

搜狐号媒体平台在运营上并不需要借助太多技巧，内容创作者只需要在规则规范允许的范围内多尝试、多总结，就能掌握好基本的运营方法。

想要让自己的内容得到更多推荐和曝光，关键还是得在内容的质量上多下功夫。提高创作内容的质量，是提高文章推荐率和曝光率的重要因素。这一点在任何一个媒体平台上都是一样的。

第二部分

进阶篇：新媒体运营成长之路

第五章　新媒体运营之资源整合

新媒体平台互推

新媒体平台互推更多发生在微信公众号之间。不同的微信公众号运营者，通过图文、阅读原文、文末提示方法来进行相互推荐，进而达到资源互换和粉丝增长的目的。

较为常见的一种互推形式是：一个账号发布的一篇文章是专门推荐一些公众号的。其内容中会涉及对方公众号的见解、ID 以及二维码等信息。在用户看来，这可能是一篇简单的优质公众号推荐文章。实际上，这其实是几个公众号之间约定好时间，统一过文案之后的一个相互推荐的活动。这种方式已经成为当前微信公众号涨粉的一个重要手段。

微信公众号互推的历史可以追溯到 2013 年。那年的 12 月 30 日，果壳网发表过一篇《2013 年十大公众号推荐》的文章。此后，人民日报也曾发表过《关注最权威的号，了解最真实的中国》的文章。

微信公众号之间的互推已经成为了一种常见的引流方式，更因此衍生出许多不同类型的互推方式。上面提到的直接发布文章进行推荐是一种常见的互推方式。除此之外，还有一些其他的互推方式，如图 5-1 所示。

一、阅读原文互推

阅读原文互推就是指读者在浏览完某篇文章时，会发现文章底部的"阅读原文"链接，并有一些指示性语言让读者去点击链接。当读者点击链接后，互推文章就会跳转到互推对象的公众号链接上。

这种互推方法非常简单，只需要在编辑微信公众号文章时，在底部添加"阅读原文"的外部链接即可。这种方式操作简单，同时不会对读者造成过多的干扰。但同时，因为外部链接只能添加一个，互推对象也就只能有一个。

　　此外，因为"阅读原文"的链接出现在文章底部，如果读者对文章的质量不感兴趣，很可能没有读到最后，就关闭了页面。这样虽然增加了文章的阅读量，却并没有产生实际的互推效果。因此，使用这种方式进行互推，一定要保证文章质量过硬，读者能够顺利读完文章才行。

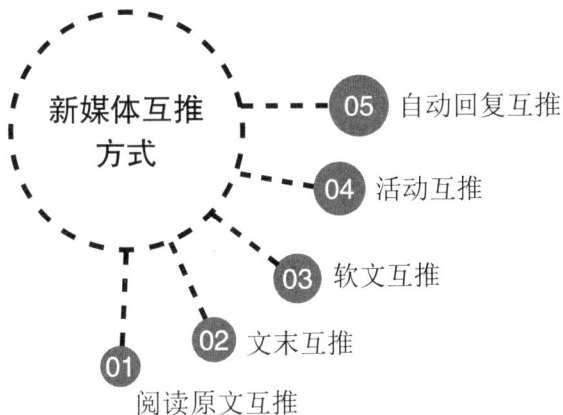

图 5-1　新媒体的互推方式

二、文末互推

　　这种互推方式主要是在某段图文内容末尾加上一段介绍互推号的语言。其操作难度较低，只需要直接在图文信息后面添加公众号名称、ID 和简介即可。

　　这种互推方式可以直接引导用户关注，指向效果明显，很适合同类风格公众号之间互相推荐。但缺点在于想要关注推荐公众号，还需要读者去搜索、识别被推荐的公众号。为此，很多读者会觉得麻烦，直接放弃关注，这在很大程度上影响了互推效果。

三、软文互推

　　所谓软文互推就是专门为被推荐的公众号写一篇软文，这种方式就是前面提到的直接发布文章互推。软文的内容既可以推荐一个公众号，也可以推荐许多公众号。

　　软文互推的一个最大优势在于一篇互推文章经过多次推送，可以增加曝光率，互推效果比较好。而其中最明显的缺点则是软文可能会影响读者的阅读体验，造成负面效果。

　　在软文互推之中，还有一种轮推的方式。这种方式是将所有互推对象的信息安排在一篇文章中，所有参与互推的公众号都要以轮推的方式推送一次。在推送过程中，自家公众号推送时要信息置顶，其他对象则按照相互约定来排列。这种互推采用先后轮流的方法，更为公平。

四、活动互推

　　这种方式主要是在公众号上发起活动，读者转发或关注可以获得相应礼品。大号利用自身粉丝优势为小号互推引流时，常会用到这种方式。当然，通过这种方式获得的粉丝，活跃度并不高，如果不想办法提高粉丝活跃度，这些粉丝会很快流失掉。

五、自动回复互推

　　当有粉丝关注公众号时，一些公众号会发表自动回复，其自动回复的内容就是互推对象的信息。这种方式可以保障自身公众号得到关注时，连带其他公众号一同获得关注。

　　使用这种方式进行互推，不会影响到读者对单篇文章的阅读体验。但从互推效果来看，这种方式只有在读者关注时才会看到一次，推广效果并不理想。同时，读者在关注时看到不相关的广告，也可能会产生不满情绪。

　　互推之所以能够成为推广涨粉的一种重要手段，主要是因为粉丝对单一公众号的信任价值。多个公众号互推能够最大程度调动粉丝的注意力，通过对彼此间粉丝差异的分析，让互推文章更好地展现在粉丝面前。

　　从"新榜"关于互推文的数据统计来看，2015年几乎所有微信公众号前500强都参与了互推活动。但在2016年微信公众号前500强中只有37%参与了互推活动，这说明互推需求越来越集中在少数公众号之中。

　　最初用户对互推文并没有表现出过多抗拒，文章阅读量较高。但随着时间的延续，到今天，互推文的阅读数已经出现了明显下降。由于没有明确数据来表示互推带来的关注转化率，因此对于互推的实际效果并不好轻易下结论。

虽然知道读者并不喜欢互推行为，但依然有不少公众号还是会选择用互推方式增加自己的粉丝数量。当前的主流互推形式主要是用拥有庞大用户基础的公众号，去为刚刚注册的小号引流。当小号变成大号之后，再通过这种方式继续为新的小号引流，循环往复，不断创造出拥有庞大粉丝数量的公众号。

当然，过于频繁的互推很可能会透支用户对公众号的信任价值。互推方式的固化，也会让互推效果大打折扣。

早期的微信公众号互推因为并未触及平台底线，微信官方并没有强行干预。在2015年4月29日，微信公众平台发布了一则处罚公告，其目的就是管理那些运用阅读原文违规放置互推链接的公众号。同时，《微信公众平台运营规范》中也明确将公众号互推定义为刷粉行为。

可以说，当前的公众号互推已经越来越不好做了。新媒体运营者，尤其是微信公众号运营者，想要通过互推涨粉，必须要重新做好规划。

一般来说，想要进行一次完整的互推，微信公众号运营者需要从以下三个方面进行综合考量。

1.寻找优质公众号

要保证公众号互推效果，首先要保证每个公众号都拥有较高的阅读量，选择互推的公众号，在用户数量上差距不大。因为除了同一运营者外，很少会有大号愿意与小号互推。

如果运营者手中有许多不同行业的大号，可以直接去对方的公众号留言，等待对方运营者回复。在留言时要尽量详细说明互推意向和内容，这样才能最大程度吸引对方的注意。

如果运营者手中没有过多大号信息，可以通过网页搜索获取。通过"新榜"官网可以找到不同类型的公众号排名，运营者可以根据自己的目标设定选择相应的公众号进行互推合作。

2.确定互推形式

互推形式也是影响互推成败的关键。前面提到的许多互推形式在当前运营环境中，已经不再适用。多在互推形式上进行创新，能够最大程度提升互推效果。

作为互推的发起者，应该在寻找优质公众号之前就确定互推形式，找到优质公众号之后，双方再进一步探讨互推形式。

3.确保互推质量

实际来说，互推质量并不容易确定。当前微信公众号平台的互推已经变成了一种"尽人事，听天命"的活动。因此，想要提高互推质量，一方面要确保互推活动有效展开，另一方面则要在互推内容上多下功夫。

互推双方在互推过程中要相互监督，虚心接受对方建议，这样才能保证互推活动有效展开。在互推内容上，尽量选择类型风格相同的大号进行互推，在内容上体现出公众号的风格和特色，这样才能最大化保证互推效果。

微信公众号互推的效果虽然已经不如前几年，但依然是微信涨粉的一种必要手段。微信公众平台虽已明令禁止这种行为，但其衍生而来的其他涨粉方式依然在发展壮大。互推作为一种"古老"的涨粉方式，在新的运营环境中应该发生新的改变，谁能率先开始这种改变，谁就将引领新的运营热潮。

KOL资源整合

在各种大大小小的活动现场，我们总会看到一些特邀嘉宾。他们从事着各不相同的工作，并不是明星大腕，即使如此，台下依然有很多为他们而来的粉丝。

这些来自各行各业的"特邀嘉宾"有一个共同的名字——KOL。这是营销学中的一个概念，其意为"关键意见领袖"（Key Opinion Leader），主要表示拥有更多、更准确产品信息，且被相关群体所接受和信任，并对该群体的购买行为有较大影响力的人。

"意见领袖"这一概念，是美国哥伦比亚大学传播学者保罗·拉扎斯菲尔德所提出的。他认为，媒介所传播的信息和观点，有部分受众会积极接受，同时加以传播，这些人便是意见领袖。除了这些人外，还会有一些受众会依靠意见领袖的意见来指导自己的行动，这些人就成了意见领袖的拥护者。

伴随着媒体环境的不断发展，意见领袖的身份也逐渐发生改变。新媒体形式的出现，让意见领袖的身份呈现出更多的可能性。

在过去，意见领袖往往是明星大腕和社会公知。现在传统意见领袖依然存在，他们更多借助新的媒体与粉丝进行互动交流。在传统意见领袖之外，新的意见领袖开始出现，并逐渐呈现出超越前者的趋势。

互联网自进入中国以来，一直在不断创造着新鲜事物，KOL就是在互联网大环境中产生的一个新鲜概念。随着社交平台的逐渐发展，意见领袖在营销中的影响力逐渐凸显。但由于互联网用户关注力的分散，单个意见领袖已经无法再覆盖更广泛的受众群体。因此，传统的意见领袖开始被更多的关键意见领袖所代替。

　　知名营销策划人叶茂中曾在微博中写道："过去我一直推崇明星代言，在十五年前还写过'明星广告最便宜'，但是最近几年我感觉明星代言效果直线下降，甚至对代理商也无刺激了，这两天看史玉柱新书讲明星代言完全无效，诸位看官怎么看？"

　　多年以前，明星大腕的代言能让一个品牌从无人问津做到家喻户晓，明星大腕的一句"我信赖……"就会引导舆论导向。到现在，影响舆论导向的力量越来越转向新兴意见领袖身上，草根明星和反传统明星开始成为影响粉丝行为的主要力量。

　　想要成为一名KOL，一方面要具有自己的鲜明特色，另一方面，则要拥有一定的天赋。这两项条件不是成为KOL的必备条件，却是优秀KOL必不可少的重要素质。

　　在特色方面，优秀的KOL都有一个相当清晰的运营者形象，他们的特色可以体现在写作方式上，也可以体现在行为举止上。运营者的特色一旦形成，他们就会努力去维持这种特色，即使这与他们在日常生活中的形象并不一致，然而在社交网络中，这是他们唯一的面孔。

　　KOL资源整合作为一种新的营销手段，利用的是社交媒体的覆盖面广、影响度深等特点。一些运营新手在面对KOL概念时常出现一种错误，他们认为KOL主要是粉丝多、颜值高、善社交，但其实上，KOL真正含义是在某领域具有发言权，其意见和价值观会得到粉丝认同。

　　从这一点上来看，KOL和当前较为流行的网红也存在很大区别。KOL更多是在其领域中具有号召力、影响力和公信力的个人或账号。他们既可以是现实生活中的真实人物，也可以是二次元的动画形象，甚至可以是一种共同的兴趣爱好。而网红更多是现实生活中的真实人物，其虽然有一定影响力，却并没什么号召力和公信力。

　　KOL营销就是通过那些在某些专业领域拥有影响力的人物，在自己的品牌和受众间建立联系，保持互动。运营良好的KOL营销会扩大品牌影响，挖掘出很多潜在客户。运营失误的KOL营销则会起到相反效果。

　　对于新媒体运营者来说，KOL营销的关键就是要做好KOL资源整合工作。

KOL 资源整合的首要内容就是寻找 KOL 资源，如果连资源都没有，整合也就无从谈起。以最近较为火爆的抖音短视频为例，寻找 KOL 资源，主要有以下几种方法。

一、直接联系抖音账号主人

这是最为简单、直接的一种寻找 KOL 资源的方法。当然，使用这种方法也可能会出现联系不到抖音账号主人的可能。另外，如果抖音账号的主人已经和其他公司签约，那他们就无法再去单独接单了。这与现在的明星签约经纪公司的模式是一样的。

二、找抖音KOL资源公司

一些公司会对不同平台 KOL 资源进行整合，主要形式是以公司签约形式与抖音 KOL 达成协议。这些签订协议的 KOL 无法再单独接单，新媒体运营者只能寻找 KOL 资源公司协商。

一般来说，KOL 资源公司签约的 KOL 资源较为分散，各种类型风格的 KOL 都会有，具体价格也会参差不齐。运营者在选择 KOL 资源时，要从自身实际出发，多进行对比，综合考量。

通过 KOL 资源公司寻找资源要比直接寻找抖音账号主人高效很多，成熟的运营者能够很快组建起一支庞大的 KOL 队伍。

三、寻找抖音平台负责人

这种方式需要和平台官方商务 BD 沟通，获取的资源也会更为优质，但价格上也要相对高昂。想要获取平台优质 KOL 资源，可以应用这种方法。

四、将KOL资源与平台资源结合

运营者可以将 KOL 资源和平台资源相结合，根据自己的特殊需求去寻找相应资源。这种方式整合资源的性价比要更高一些。

对于一家企业来说，构建完善的 KOL 资源体系是十分必要的，这对于企业品牌和产品的营销宣传是很有帮助的。下面是一家高端护肤品牌的 KOL 资源体系架构，如图 5-2 所示。

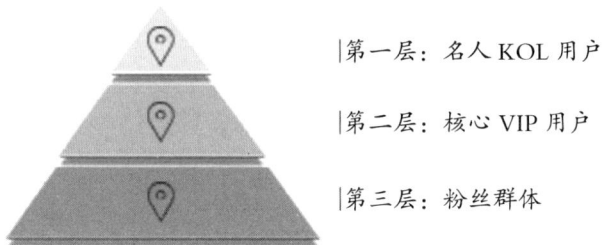

第一层：名人 KOL 用户

第二层：核心 VIP 用户

第三层：粉丝群体

图 5-2　某高端护肤品牌的 KOL 资源体系架构

第一层：名人KOL用户

这一层级主要包括传统媒体的首席美容编辑、顶尖时尚博主、地区艺术家和品牌研究员。针对这一层级的人群，需要不断增强互动，主要形式包括提供免费正品、开办沟通见面会、为 KOL 开办品牌宣传专栏等。

第二层：核心VIP用户

这一层级中的用户占总用户群体的比例较小。针对这一层级的 KOL，需要让其体会到尊贵的专属体验。其中包括免费进行产品使用、参与 VIP 专属活动、享受定期 VIP 专属福利等。

第三层：粉丝群体

这一层级主要是目标受众群体，其中既包括已经购买产品的用户，同时还包括未购买产品但对产品充满兴趣的用户。针对这一层级用户，主要需要进行品牌传播和入门激励活动。包括网友互动、领取见面礼、转发活动赢奖品、电商优惠促销等。

企业需要面对的是最广大的目标受众群体，想要将产品和品牌在更大范围中推广，就要整合 KOL 资源进行营销宣传。

不同企业有不同的宣传需求，在选择 KOL 资源时也会有所不同。运营者要根据企业品牌的实际需要选择相应的 KOL。KOL 资源要切合企业品牌形象，这样才能起到正向的宣传效果。

精准投放企业软文

企业在进行新媒体营销时，可供选择的推广方式有很多种。在这些推广方式中，软文推广无疑是最为简单的推广方式。

软文这个概念是相对于硬性广告而言的，主要由市场策划人员或文案策划人员来负责撰写。软文之所以会被叫作"软文"，就是因为其追求的是一种春风化雨、润物无声的传播效果。读者在浏览文章时，丝毫感觉不到硬性广告的痕迹，但实际上，广告宣传的内容却已经传递到了读者内心之中。

软文推广不仅包含免费的软文推广，同时还包括付费的软文推广。不同类型的推广方式和推广平台，需要付出的成本不同，推广效果也会有所不同。新媒体运营者需要根据自身的推广目的，来选择具体的软文推广方式和推广平台。

一般来说，企业想要塑造自身形象、宣传产品和服务的话，会选择各大媒体平台发布软文，其目的就是为了广泛引起社会关注，提升公司知名度，促进公司业务发展。

随着新媒体内容平台不断发展，企业在进行营销时，也开始将注意力投放到软文推广上。软文推广是一种简单高效的推广方式，从具体作用上来看，主要表现为以下几点，如图 5-3 所示。

一、拓展流量渠道

软文推广的渠道是非常广泛的，几乎可以覆盖到各大平台。平台用户在阅读了软文内容后，会通过点击链接或搜索关键字的方式，直接进入到新媒体运营者的预设网站，从而为网站带来丰富流量。

推广平台越多，流量渠道也就越多。运营者一方面需要根据自身需要选择平台，另一方面也应注意高效利用成本，有节制地选择平台。

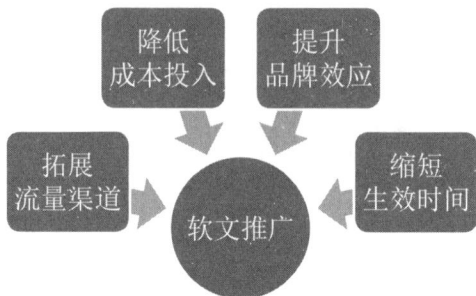

图 5-3　软文推广的具体作用

二、降低成本投入

对于一些新兴企业或中小型企业，在进行新媒体运营时，很少会选择进行电视广告营销。其主要原因就在于，资金投入过大。相比于电视广告营销，软文营销的成本就要低很多，只要拥有软文写手，懂得软文营销流程，就可以顺利进行软文营销推广。

作为一种并不需要投入过多资金的营销活动，软文营销在性价比上具有其他营销方式无可比拟的优势。

三、提升品牌效应

软文营销会涉及内容被搜索引擎收录的问题，如果运营者发布的软文被大量转载，其推广效果就会同步增加。更为重要的是，被搜索引擎收录之后，软文内容会长期保存，持续发挥效果。

专业化程度很高的软文，还会提升运营者在行业中的权威性。如果在软文编写时加以策划，其品牌提升效果就会更加明显。

四、缩短生效时间

软文一旦被发布到各个媒体平台上，如果质量够高，很快就会被平台读者看到。一篇好的软文如果被大量转载和分享，其效果就会如病毒一般蔓延，一发不可收拾。

现在，大多数新媒体平台都可以进行免费软文推广，只需要注册一个账号，就可以免费发布内容。当然，绝大多数平台对软文内容的审核也比较严格，一般广告类的软文很难通过审核。

另外一种免费软文推广的方式是投稿，一些垂直类媒体平台会接受优质投稿。某些专业性较强的软文可以投递到对应的垂直媒体，这样不仅能够让软文更接近目标受众，同时也能提高运营者在行业中的权威性。

不同推广渠道对软文的要求也有所不同，因此，运营者要根据不同平台投放不同类型的软文。运营者如果想要大量投放软文，也可以交给专业的营销团队负责。一些付费的软文推广主要包括论坛软文发布、问答软文发布、微博软文发布、新闻软文发布等形式。

在众多软文推广形式中，新闻软文发布是一种常用的付费推广形式。新闻软文推广的效果要好于论坛和问答等软文发布形式，同时在价格上也要高出很多。尤其是大型门户网站和重点媒体，其软文推广价格是十分高昂的。

在进行新闻软文发布时，要注意搜索引擎收录的问题。如果新闻软文发布之后，没有被百度收录，那这种新闻软文发布就失去了意义。因此，在选择新闻软文发布团队时，一定要首先问清楚搜索引擎收录的问题。

此外，在进行新闻软文发布时，还会遇到拒稿的情况。一些新闻媒体平台对稿件内容审核较为严格，软文稿件很难通过审核。这种时候，就要多选择几家新闻媒体平台，随时进行替换。

再有，想要让软文推广的效果最大化，就要做好精准投放和组合投放。精准投放就是说，直接将软文投放到目标受众群体之中。比如说，如果企业生产的是高端化妆品，目标受众群体是白领女性，在进行软文推广时，就要选择一些白领女性关注的公众号、论坛等。

组合投放是在精准投放的基础上，多投放一些目标用户可能关注的媒体平台。同样以上面为例，想要进行化妆品牌的软文组合投放，除了选择白领女性关注的公众号外，还可以选择一些情感类、旅游类公众号。只有投放目标用户所关注的全部媒体，才能最大化软文推广的效果。

当然，这种组合投放并不是"广撒网"式的投放。运营者在进行组合投放时，要高效利用媒体资源，在均衡成本的情况下，避免造成资源的浪费。对于软文投放的效果要及时监督，发现问题立刻解决。软文投放渠道并不是一成不变的，运营者要根据具体效果来随时改变投放策略。

除了渠道选择外，软文的内容质量也决定着软文推广的成败。写出一篇企业软文并不难，但要写出一篇高质量的"爆款"软文却并不容易。新手运营者因为经验不足，可以多尝试一些写作方法。具有一定经验的运营者，就要从标题和内容两个方面多下功夫，让软文吸引更多读者。

（1）巧定标题。在进行软文创作时，并不一定要在最初确定标题。写作者可以先暂定一个标题，然后根据文章主旨去进行写作。

之所以要先暂定标题，是因为在写作过程中，写作者可能会产生一些新的设想。这些新的设想经过精简压缩后，就是一个完美的软文标题。同时，文章之中的金句也可以直接用作标题。

当完成软文内容创作后，写作者可以重新总结文章的内容，将易于被搜索的关键词放入到文章标题中，这样更容易被搜索引擎搜索到。

（2）站在用户角度做内容。对于运营者来说，用户需求就是"上帝的旨意"。在进行软文创作时，写作者要了解用户喜欢看哪些内容，哪些内容对用户有用。将这些内容与品牌一同融入软文之中，这样软文才能发挥出真正的价值。

在这里，运营者要明白，优秀的软文内容是在引领用户，而不是在追随用户。如果软文内容只是在顺从用户，这样的软文虽然能吸引用户的注意，却很难留住用户，更不要说将用户引领到企业的品牌和产品上。

软文推广是新媒体运营中的一个重要内容，其中所涉及的理论及方法技巧并不是能够简单说清楚的。运营者在进行软文推广时，要循序渐进，注意多积累软文推广的渠道资源，同时还要努力提高软文创作的能力。综合这两点内容，才能让软文推广取得良好的效果。

大数据营销让运营更高效

新媒体行业已经进入了一个新的阶段，原有的用户红利已经消失，运营者想要再获得新用户，可谓难上加难。这是大多数运营者的切身感受。但从客观角度来看，运营者的这种感受并不能代表整个行业的现状。

当前，新媒体行业呈现出明显的两极分化状态：做得不好的运营者，平台阅读量不断下降，粉丝数量也难以继续上涨；做得好的运营者，不仅平台阅读量有所保障，粉丝数量更是不断上涨。

处于两极分化劣势一端的运营者很可能会被激烈的市场竞争所淘汰。那些能够经受得住新媒体浪潮冲击的运营者，往往是在做好内容的基础上，做足了大数据营销的工作。

新媒体行业发展到今天，确实出现了很多问题。以微信公众号来说，当前公众号的内容同质化非常严重，很多用户在不同公众号上看到的内容都是一样的。同时，用户关注太多账号，不仅分散了注意力，也承受了严重的内容轰炸。

很多运营者在运营新媒体平台时，忽视与用户进行互动，让平台黏附度降低，用户逐渐被新出现的媒体平台吸引走。这也是新媒体运营者经常遇到的困境，很多运营者因为经验不足而难以走出困境。

其实，经过仔细分析，这些遭遇困境的运营者，都存在一个普遍的问题，那就是不懂得运用数据思维去管理新媒体平台。

在新媒体时代，数据思维是十分重要的一种思维模式。利用大数据技术，可以充分提高新媒体运营效果。对于运营者来说，大数据技术可以应用在新媒体运营的各个环节，其任何一个环节都可以通过大数据技术来进行优化。

具体来说，大数据技术应用对新媒体运营产生的效果主要表现在以下几个方面，如图 5-4 所示。

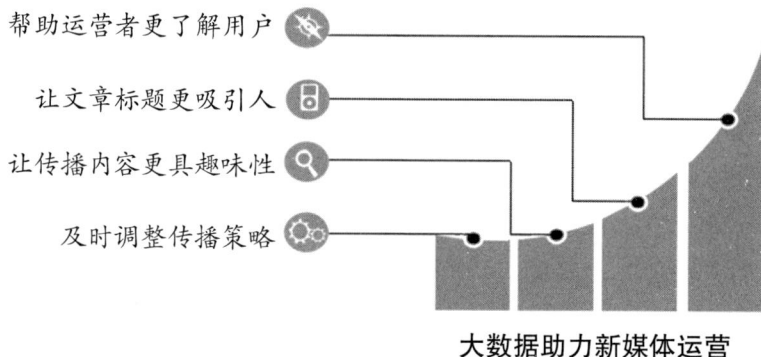

图 5-4 大数据技术应用对新媒体运营产生的效果

一、帮助运营者更了解用户

新媒体运营者想要获得用户，就要首先了解用户，这种了解甚至要比了解自己还要透彻。在了解用户习惯和喜好之后，再根据他们的习惯和喜好去推送相应内容，就更容易达成推广效果。

要实现这一点，运营者可以利用大数据技术进行用户画像，从众多用户信息中，分解出目标用户的具体信息，然后根据这些具体信息去安排推送内容。

当然，运营者在制定内容时，除了要考虑用户的习惯和喜好外，还需要结合自身品牌产品的属性，在保持内容可传播性的基础上，让产品得到充分曝光。要做到这一点，也需要应用到大数据技术，充分分析产品和用户的共有属性，然后从这一点出发去进行运营推广工作。

二、让文章标题更吸引人

运营者想要让自己的内容更具吸引力，就要首先从标题着手，在清晰表达自身观点的同时，加入一些易于搜索的关键词。想要做到这一点，同样需要大数据技术的助力。通过数据分析获取热点信息内容，结合热点内容对文章的标题精雕细琢，这样就能更好地增加文章的曝光率。

三、让传播内容更具趣味性

当前新媒体行业呈现出一种明显的趋势，就是新媒体用户很难再花费时间去阅读一篇完整的文章，文章内容的长短对于阅读量的影响越来越明显。如何选择合适的文章长度去表达自己的观点，成为了运营者面前的一大困境。

通过大数据分析技术，运营者就可以摆脱这种困境。在利用海量数据分析用户属性之后，运营者就可以选择合适长度的内容吸引用户，同时还可以采取音频、短视频等多样化的传播方式来吸引用户。

四、及时调整传播策略

大数据技术在新媒体运营中的一个最广泛应用，就是通过数据分析反馈传播结果，之后，运营者再根据具体的数据分析结果，来调整运营策略。

如果运营者的运营策略是更快吸引更多粉丝，扩大粉丝基数，那就可以选择以奖品作为核心吸引力。这种方式能够最快速度吸引粉丝，但却很难留住粉丝。如果运营者想要留住更多粉丝，就要利用专业内容作为核心吸引力，这种方式虽然可能会导致阅读量整体偏低，但转化率却很高。

运营者可以通过数据进行比较，确定哪种传播方式的用户转化率更高，然后根据数据分析结果，及时调整传播策略。

大数据技术的应用，让新媒体运营从简单编辑一下内容，变成了更为复杂、更为立体的一项工作。在丰富新媒体运营内容的同时，也为新媒体运营者提供了一种新的思维方式和工作方法。从更为广泛的影响来看，大数据营销对新媒体运营的塑造主要包括以下几点内容。

（1）新媒体运营行为变得更加数据化。数据化让新媒体运营的行为变得更加明确、可追踪、可衡量、可量化，从而打造出一种以数据为核心的新媒体运营闭环。

在大数据时代，企业品牌宣传不仅需要收集数据，同时也要创造和影响数据。新媒体运营就是企业品牌数据化后影响数据的一种具体表现。如何运用大数据技术让企业品牌营销效果最大化，是每一个运营者都需要考虑的问题。

（2）增加社交网络价值。不可否认，新媒体运营与社交网络的联系越来越紧密，甚至可以说，新媒体运营最主要的方向就是针对社交网络的运营。大数据技术的发展让社交平台的价值不断攀升，通过大数据技术将不同社交平台连接在一起，更加精准地获取用户，再根据最广泛的用户意见去生产产品，成为了新媒体营销的一个重要环节。

企业在品牌推广的同时，完全可以依靠大数据技术整理用户需求，来设计出新的产品。很多旧有产品的改进升级，也依赖于大数据技术对用户需求的抓取和分析。在此基础上，企业才能更好地卖出自己的产品，获得更多利益。

（3）有利于实现线上线下营销相结合。当前新媒体行业中的大数据营销还更多停留在线上数据分析和获取上，对于线下营销信息的挖掘和分析还有所不足，在线上线下数据信息结合共通方面，还需要进行更多努力的探索。一旦打通线上和线下，实现数据结合，就能在更广泛的范围内进行更为精准的新媒体营销，其所能取得的效果是显而易见的，这也是新媒体行业大数据技术应用的一个未来方向。

当前的大数据技术可以让新媒体运营更加准确、高效，但真正实行起来却并不简单。即使是一些实力较强的大型企业，在利用大数据技术进行新媒体运营时，也常常会出现一些失误的地方。

随着人们对大数据技术的掌握越来越熟练，基于大数据技术的新媒体运营也会变得更加精确、高效。对于新媒体运营者来说，接触并尝试用大数据技术进行新媒体运营是一门必要课程，也是寻求未来生存发展的根本要求。

多平台运营扩大影响面

当前新媒体行业中，究竟有多少新媒体平台可供使用？

看上去这是一个很基础的问题，但回答起来却并不简单。从新媒体行业的发展现状来看，新媒体平台依然在不断涌现，所以想要确定现在究竟有多少新媒体平台可以使用，并没有想象中那么容易。

为什么要了解新媒体平台呢？一个关键的原因就在于，很多时候新媒体运营不能集中在一个平台之上，只有综合利用多种不同平台，才能最大化运营效果。

美国经济学家詹姆斯·托宾曾说："不要把你所有的鸡蛋都放在一个篮子里，但也不要放在太多的篮子里。"这就是说如果将财富全部投资在一个地方，必然会使投资风险增加。一旦出现问题，必然会损失惨重。但如果投资过于分散，就会减少利润空间，增加管理成本。

对这种"鸡蛋和篮子"理论应用最广泛的就是电商领域。在电商领域中，这种理论被称为"多平台运营"。很多电商卖家并不执著于单一平台，而是选择多平台运营来扩大销量。

电商卖家选择多平台运营主要出于三方面考量：一方面是为了相互引流，一方面是为了分散风险，最后一方面则是为了满足用户的不同需求。

不仅电商领域和投资领域需要尊崇这种"鸡蛋和篮子"理论，新媒体运营也同样需要。

在进行新媒体运营时，运营者不能将所有运营资源全放在一个媒体平台上，也不能将运营资源平摊到不同的媒体平台上。真正高效的新媒体运营需要立足于主流媒体平台基础上，进行多平台综合运营，在资源分配上不能是1:1:1，而应该以主流媒体平台为主，其他媒体平台为辅，这样才能够建立起综合立体的新媒体运营平台。

新媒体运营者与电商运营者一样，选择多平台运营也是出于上述三个方面的考量。多平台运营能够帮助运营者解决以下几个方面的问题，如图5-5所示。

图5-5　多平台运营能够解决的问题

一、引流问题

对于大多数新媒体运营者来说，在进行多平台运营时，引流问题是其所面临的一个很大问题。

多平台运营为运营者提供了一种新的解决方案，以往的新媒体运营者在引流时总是"从0到1"。这是最为常见的引流模式，主要是运营者从不同渠道将用户引流到自己的新媒体平台上，从而让自己的用户实现"从0到1"持续增长的一个过程。

这种引流模式是新媒体运营的必经阶段，但很容易出现引流瓶颈，就是说用户数量达到一定规模后，很难继续向上增长。选择多平台运营能够解决这种瓶颈问题，同时还能更大规模地发挥引流效果。

多平台运营的引流模式是一种"从1到100"的引流过程。运营者可以借助不同平台，相互进行引流，在扩大引流渠道的同时，增加用户基数。

二、风险问题

新媒体运营似乎并不存在风险问题，但很多时候，运营没有取得效果就是最大的风险。明确了这一点后，多平台运营的效果也就很清晰了。

运营者如果执着于单一平台，很容易出现平台运营无法取得效果，导致整体运营失败的结果。此时，多平台运营就能很好地分散风险。当然，在进行多平台运营时，一定要区分好主次，做好资源分配，不能毫无主次地均衡分配，这样也会影响运营的最终效果。

三、多样化问题

在不同的新媒体平台上，聚集着不同类型的用户。比如，知乎平台上聚集着较多中高端用户，小红书平台上更多的则是时尚达人。正因如此，新媒体运营者才会选择多个平台进行运营，其目的就是更广泛地获得用户资源，这样才能实现利益的最大化。

此外，根据产品和服务类型的不同，运营者也需要选择对应的平台来做运营，这样才能获得更多目标用户。

多平台运营能够扩大传播范围，也能更好地获得目标用户。那么当前新媒体环境中，有哪些平台可供选择呢？我们说，新媒体平台从类别上可以分为视频平台、社交平台和自媒体平台三类。

（1）视频平台。随着受众群体年龄层逐渐年轻化，视频平台已经成为企业新媒体运营的一个重要渠道。当前视频平台主要可以分为直播平台、短视频平台、长视频平台和音频平台四大类别。

直播平台包括映客、花椒等。其特点是直观性和互动性较强，可以做即时互动，不必局限于地域的限制。其主要运营方式包括产品发布会直播、名人代言直播、专家介绍直播、活动直播等不同形式。

短视频平台包括抖音、美拍、火山等。其特点是内容短小精炼、受众数量多、易于传播。其主要运营方式包括内容推广、客服答疑、视觉展示和举办活动等不同形式。

长视频平台包括 A 站、B 站、腾讯视频、爱奇艺视频等。其特点是用户群体固定、平台特征明显。其主要运营方式包括品牌文化宣传、品牌广告内容宣传等。

音频平台包括企鹅 FM、喜马拉雅 FM、荔枝 FM 等。其特点是适用于多种不同场景。其主要运营方式包括广告植入、自建节目等。

（2）社交平台。相比于视频平台，在新媒体运营中，社交平台的应用更为广泛。作为当前人们最重要的日常交流工具之一，社交平台早已融入人们的生活。也正因如此，在社交平台上的新媒体运营是必不可少的。

微信平台是最为主流的社交平台之一，其用户群体巨大。微信平台上的新媒体运营可以通过微信公众平台、微信群和微信广告资源来进行。

微博平台也是一种主流的社交平台。相较于微信平台，微博平台的活跃度要低一些，但微博平台上的活跃用户却在持续增长。通过微博平台进行新媒体运营主要包括企业官博、微博广告资源、微博互动活动等方式。

问答平台作为一种独特的社交平台，当前主要有知乎、悟空问答、百度问答等类型。通过问答平台做新媒体运营，主要有问答推广和经验交流等不同形式，其主要目的是为了树立品牌信誉，形成用户口碑。

（3）自媒体平台。自媒体平台是最近几年异军突起的媒体平台，其自带庞大流量，已经吸引了许多企业和自媒体运营者。想要做好新媒体运营，就一定要抓好自媒体平台的运营。常见的自媒体平台在前面已经进行了充分介绍，如百家号、大鱼号等。

除了这些自媒体平台外，还有一些论坛平台，也可以进行营销推广。百度贴吧、天涯论坛等具有较高流量，而豆瓣、36氪平台则具有较多高质量的内容。论坛平台的主要运营方式包括发布关键词内容、发帖推广、社群运营等多种形式。

多平台运营是新媒体运营的重要方法。通过多平台运营，能够让新媒体运营的效果直线上升。当然，多平台运营需要讲求一定的技巧和方法，只有合理配置不同平台的资源，才能真正提高运营效果，获得最大化运营收益。

第六章　新媒体运营之必备工具

热点搜索工具

对于新媒体运营者，尤其是内容运营者来说，能否抓住热点，是内容创作成功与否的关键。不少新媒体运营者总抱怨自己辛辛苦苦创作的内容无人问津，别人随手编辑的小文章却点击量惊人。造成这种差异的原因就是对热点把握出了问题。

一些新媒体内容运营者在创作内容时，不懂得"蹭热点"，一味埋头苦干，这种"闭门造车"在很大程度上影响了其文章的传播程度。而那些懂得"蹭热点"的内容运营者，虽然文章内容质量存在不足，但与热点结合紧密，因而获得了较多的阅读量。

想要"蹭热点"，除了要有一定写作技巧外，还需要能够随时随地发现热点。每一位新媒体内容运营者都应该具备这方面的能力，而那些热点搜索工具无疑可以帮到内容运营者更快、更准获取热点，运营者应该学会利用热点搜索工具去寻找热点。下面是一些常用的热点搜索工具。

一、百度指数

百度指数是以百度海量网民行为数据为基础的数据分享平台。通过百度指数可以发现关键词关注趋势、了解网民需求变化、监测媒体舆情趋势、定位数字消费者特征。当然，运营者还可以从不同行业的视角去分析市场特点、洞察品牌表现。

百度指数主要有四大特色功能，分别是：趋势研究、需求图谱、资讯关注和人群画像。

在趋势研究中，PC 趋势积累了从 2006 年至今的数据信息。移动趋势则

积累了从 2011 年 1 月至今的数据。用户可以在这里查看到最近 7 天，或者是
30 天的单日指数，同时还可以自己定义时间进行数据查询。

需求图谱则基于语义挖掘技术，向用户呈现关键词隐藏的关注焦点和消
费欲望。用户的每一次检索行为，都将会被记录下来。

资讯关注是以百度智能分发和推荐内容数据为基础，将用户的阅读、点赞、
评论等行为的数量加权求和并指数化之后得出来的，它可以全面衡量用户对
智能分发和推荐内容的被动关注程度。

人群画像则是通过输入关键词，来获得用户年龄、性别、区域、兴趣的
分布特点，真实客观地反映出用户群体形象。相比于花费较多精力进行的调研，
通过百度指数获取人群画像要更加高效。

通过百度指数，新媒体运营者就可以通过其中的数据信息迅速知道热点
的热度增减情况，进而判断出当前社会环境下的热点有哪些，哪些热点可以
和自身的内容创作结合在一起。

二、微指数

从传播速度来看，微博信息传播要远快于微信，很多热点传播的主要阵
地就是微博。因此，我们可以通过抓取微博平台上的热点信息来及时获得热点。

微指数是新浪微博的数据分析工具，同时也是新媒体运营者追踪热点的
实用工具（图 6-1）。微指数通过关键词的热议度来反映微博舆情的发展走势。
其主要包括热词指数和影响力指数两大模块，同时，还能够查看热议人群以
及各种账号的地域分布情况。

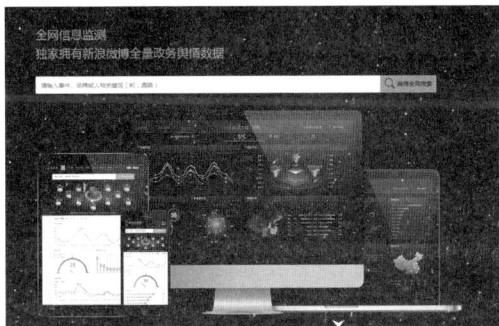

图 6-1　微指数热词搜索界面

热词指数主要是查看关键词在微博上的热议度，同时了解热议人群主要的地区分布情况。热词指数主要包括热词趋势、人群分布、对比分析三个主要功能。

影响力指数则包括政务指数、媒体指数、网站指数和名人指数四个板块。政务指数主要是政府各部门在微博平台上的影响力变化；媒体指数则是报纸、杂志、电视等媒体类微博的影响力分析；网站指数主要是各个行业网站的微博影响力指数分析；名人指数则是新浪微博中名人用户的微博影响力分析。

通过微指数，可以让运营者第一时间了解到热点在微博上的传播趋势，包括热议度、地域分析和属性分析等具体内容，从而帮助运营者更好地选择热点去进行内容创作。

三、微博热搜和百度热搜

热搜也是一种热点搜索工具。相比于微指数和百度指数，通过微博热搜和百度热搜获得的热点要更为直观，也更为简单。对于那些不需要对热点进行深入分析，只需要获得热点热度排行的运营者，这种热点搜索方式要更为便捷一些。

通过微博热搜和百度热搜，可以获得较长时间段内的热点信息的具体搜索情况，从而了解热点信息热度的增减变化情况。

四、微信搜索

新媒体运营者如果想要了解热点信息的详细内容，也可以通过微信搜索功能进行搜索。在微信搜索框内输入想要了解的内容，就会弹出相关资讯信息。运营者可以通过公众号文章的发文情况和阅读情况，来判断某个热点的具体传播情况。

五、搜狗搜索

搜狗搜索也是一个不错的热点搜索工具。在搜狗搜索的微信和知乎板块，都有热点推荐内容，同时还有一些不同种类的热门文章，这些文章可以通过输入关键词的方法进行搜索。

六、新榜热点

运营微信公众号的新媒体运营者会更多关注新榜上的热点信息。新榜不仅有榜单工具，同时还有热门内容搜索模块（图6-2）。在热门内容搜索中，运营者可以找到许多不同行业分类的热点信息，同时还有相应的热点文章。

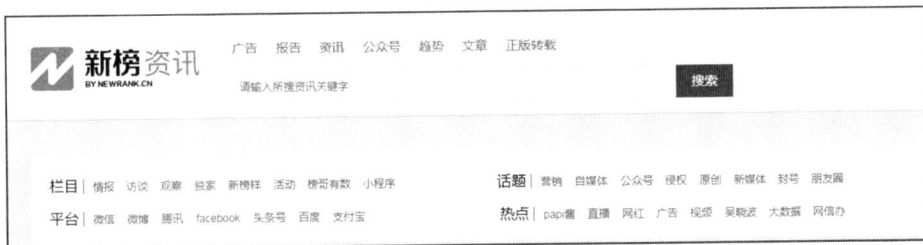

图 6-2 新榜热点搜索界面

此外还有一些浏览器插件也具有热点信息搜索功能，运营者可以根据自己的需要进行选择。

总的来说，想要通过互联网热点搜索工具来获取热点信息并不困难。真正有难度的是如何将这些热点信息与内容创作结合在一起。对于一些新手运营者来说，学习、借鉴一些高端运营者的"蹭热点"方法，能够让自己更快掌握这种内容创作方法。

当然，真正高端的内容创作能力是模仿不来的，运营者还是要努力发掘自己的内容创作能力。

内容编辑工具

内容创作能力学不来，内容编辑方法却是可以学而且一定要去学的。尤其是新媒体运营新手，如果不多掌握几种内容编辑工具，就很难做好新媒体内容的编辑工作。

在了解内容编辑工具之前，新媒体运营者需要首先了解一下新媒体内容版面设计的一些基本原则，这样才能更好地开展编辑工作。

不少新媒体内容编辑会抱怨自己的文章明明用心写了，却依然没有人看。他们不理解问题的原因在哪里，只知道一篇一篇地写，却不知道如何改变文章无人阅读的窘境。其实，之所以会出现这种情况，并不一定是内容编辑的文章质量出了问题，很多时候是因为他们的文章"看上去"不好看。

想要让自己的文章脱颖而出，不仅要在文章质量上下功夫，还需要在排版方面多用心。读者在阅读文章时，第一眼看到的是文章的"面相"，只有"面相"过关，才能让读者产生继续读下去的意愿。

一般来说，新媒体内容编辑的版面设计原则主要有以下几个方面。

（1）字体方面以 14px 为宜，手机屏幕大小有限，这样能保证每行显示的字数较多，同时也能看得清楚。

（2）每一自然段之间要空一行，文字和图片之间也要空一行，这样段落与段落之间有呼吸感，以免文字密集造成视觉疲劳。

（3）字间距可以在 1 左右，而行间距则可以保持在 1.5 左右，同样是为了防止造成视觉疲劳。

（4）文章尽量图文并茂，配图要精美且与内容存在关联，7 到 9 行文字就可以配一张插图，这样也会给读者留出一定的阅读休息时间。

（5）文章内容要尽量少用不同颜色，无论是字体还是文本框，颜色单一、简单更容易让读者接受。

（6）用横线或方框将不同的部分分块，这样有利于阅读，整体也会更加美观。

掌握了这些原则之后，在内容编辑时，就要有针对性地根据排版来适当调整文章内容。

现在，市面上有很多不同种类的新媒体内容编辑工具。从具体功能上来看，这些工具之间并没有太大区别。但在实际操作上，却有很多细节上的不同。因此，内容编辑需要选择自己用着更为顺手的工具。下面介绍一些较为常见的新媒体内容编辑工具。

一、新媒体管家

这一新媒体编辑工具是一款公众号管理工具（图6-3），可以实现手机端公众号、公众平台账号授权登录直接使用，同时还具有图文编辑功能，随时随地能够编辑图文信息。

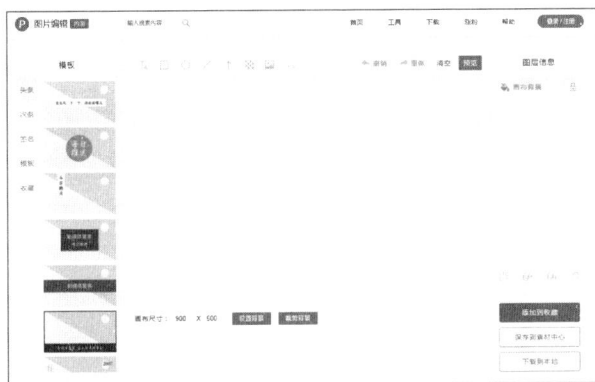

图6-3　新媒体管家编辑界面

很少有运营者会在微信公众号后台直接编辑排版文章，因为如果不小心退出了页面，还需要重新扫码登录。使用新媒体管家就可以很好地避免这种问题的发生，新媒体管家只要每天登录一次，之后就可以随时进入公众号后台。

其所自带的文章内容编辑工具功能强大，不需要安装单独软件，就能直接在公众号后台使用，非常方便。

新媒体管家不仅可以一键采集图文，还可以一键搜索插入动图，省去了搜索、插入图片的烦琐步骤。而新媒体管家自带的热词搜索功能，也为新媒体内容编辑提供了很多便利。

二、壹伴助手

与新媒体管家相同，壹伴助手也是一款浏览器插件，同样专注于新媒体账号的运营。相较于新媒体管家，壹伴助手的资历要更老一些。

壹伴助手的主要功能包括内容排版、运营工具及数据后台。其功能类别与新媒体管家不相上下，但在细节方面要更为到位一些，使用起来也更加方便。

丰富的功能布局和完善的样式模板是壹伴助手内容编辑的优势。样式模板素材是编辑器的重点和新功能，编辑好的文字内容只要加上样式和模板的修饰就能成为一篇完整的文章。壹伴助手拥有独立的素材库，样式模板的丰富度虽然一般，但能够复制、收藏及导入样式。

三、秀米

秀米是一个工具型网站，运营者可以利用秀米 PC 端各种各样的模板和工具进行文章编辑。在秀米后台编辑好文章后，便可以在微信公众号上推送出去。

秀米最大的特色就是操作简单，即使是新手运营者也能轻松上手。只要把文章内容粘贴过来，原文标题变成模板，插入几张图片，再对图片和文字做一些小的替换和调整就可以整理出一篇合格的微信公众号文章。

此外，秀米的布局功能非常强大，每个布局都可以单独设计排版。当然，这也对运营者的审美提出了一定的要求。

相对来说，在常用的内容编辑工具中，秀米的性价比最高。但它也具有诸如样式模板较少、文字编辑功能较弱的问题。

四、135编辑器

135 编辑器是一款网页版编辑器（图 6-4），不需要下载，直接在网页上搜索 135 编辑器，进入官网登录账号后就可以进行编辑。

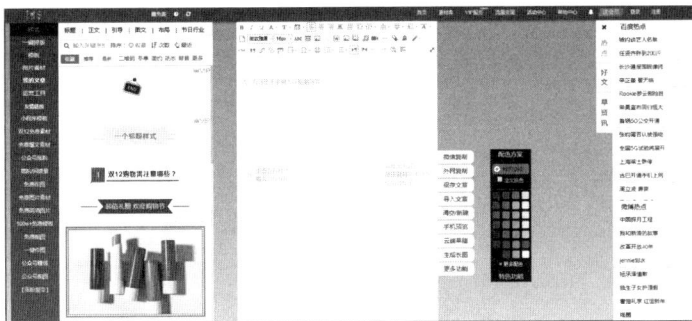

图 6-4　135 编辑器的编辑界面

135 编辑器自带的模板功能可以对文字进行排版，无论是标题、正文，还是间隔符，都可以进行编辑。同时编辑器自带多种不同样式，可以根据需要选择使用。

在样式方面，135 编辑器拥有全网最多样式的模板，更能满足不同用户的使用需要。在文字编辑方面，135 编辑器在基础文字编辑功能之外，还拥有对文本进行查找替换的功能。

在新媒体内容编辑工具上，没有哪种编辑工具最好的说法。不同的编辑工具有不同的优势，对于有不同需求的内容编辑来说，可以综合利用各个编辑工具的优势。

当然，选择一款顺手的编辑工具是很重要的，这样不仅能够提高内容编辑的质量，也能提高内容编辑的效率。

图片素材工具

新媒体运营工作如果只是写写文章，做做活动，那就太过简单了。一般来说，新媒体运营工作可以分为三个主要部分，分别是内容、活动和用户。如果人手不足，可能这些工作内容都会交由一个人负责。

想要完成这些主要工作内容，运营者需要具备不同种类的技能。在众多技能之中，图片搜索编辑技能是每一个运营者都应具备的。

图片编辑贯穿整个新媒体运营始终。一方面是文章内容的配图，另一方面则是一些图片的加工和处理。同时，还可能需要做一些海报、宣传图之类的设计。

下面我们从两个角度来介绍一下图片素材的搜索编辑工具。

一、图片素材搜索

可以找到图片素材的网站有很多，最为简单的方式就是利用百度图片搜索功能。然而在使用这种方法获取图片时，一方面可能没办法获得中意的图片，另一方面也可能会存在版权问题。所以，大多数新媒体运营者在选择图片素材时，会寻找专门的图片网站。下面介绍一些较为优秀的图片网站。

1.Photock

这是一个日本的免费图片资源网站（图6-5），图片资源超过5000多张，所提供的图片都是基于CC0（公众领域贡献宣告）授权，而且还能提供2000px以上的高解析度照片。无论是个人运营者，还是企业运营者，都可以在这里自由下载图片资源，不受任何限制。

图 6-5 Photock 图片站

网站中的图片资源都进行了详细分类，包括天空、河、海、山、动物、建筑、景点、历史文化等。每张图片都提供四种大小不同的尺寸，同时还会有相应的标签进行标注。

2.LibreStock

在 LibreStock 网站上，我们能够一站搜索 20 个常用的图库网站。相比于一站一站浏览，这种图片浏览方式更为高效。只要输入要查的照片的关键字，就能在庞大的图库海洋中找到自己中意的图片。

LibreStock 收录的网站同样使用 CC0 授权，无论是个人使用，还是应用到商业开发，或者是直接编辑图片，都是没有限制的。通过 LibreStock 找到图片后，会连接到原始的图片网站，点击下载链接，就能够获得原始图片，并且绝大多数图库的图片都是免费的，可以自由使用。

LibreStock 网站的首页会随机展示一些较为热门的图片，需要的话也可以直接下载应用。通过 LibreStock 网站找图主要是利用关键字搜索功能，关键字信息越准确，寻找图片的速度也就越快。

3.WallHaven

这是一个高清壁纸搜索引擎，用户可以通过这一网站搜索自己想要的壁纸资源。这些壁纸都是由用户提交而来的。在搜索到壁纸后，用户可以在注册后，进行手绘、SFW、NSFW 格式的转换。

4.Pexels

Pexels 是一个免费的高品质图片下载网站，用户可以在这里获得海量图片素材资源。该网站的图片资源每张都会定量更新，所有图片都会显示出详细的信息。更为重要的是，该网站所有支持下载的图片都可以自由使用。

二、图片素材编辑

在新媒体运营过程中，很多高清图片素材并不能直接应用到内容编辑中，运营者还需要根据自己的需要对图片内容进行适当加工和修改。这就要求运营者除了要知道从哪里能找到图片素材资源，还需要知道如何去编辑这些图片素材。

大多数新媒体平台对图片格式和大小都有一定的要求。以微信公众号为例，其头条封面图的尺寸大约为 900*500，第二条及以后封面图的尺寸则为200*200。在实际操作中，很难找到尺寸合适的图片素材，所以需要运营者自行编辑图片素材。

下面是一些常用的图片素材编辑工具。

1.创客贴

创客贴是一个创意制作网站（图 6-6），运营者可以在这个网站上快速制作海报、名片和图片等各种素材文件。该网站还提供了丰富的素材和模板，运营者可以通过简单拖拽的方式快速实现图片编辑。

图 6-6 创客贴网站

运营者在该网站中的一切操作都是在云端进行的，所以即使更换了其他的终端设备，依然可以继续进行素材编辑。如果遇到喜欢的素材，运营者还可以将其收藏在云端，方便随时调用。

2.Soogif

Soogif 是一个动态图片搜索网站，这里拥有非常多的动图资源。很多热点话题和热门电视剧衍生的动图资源，都可以在这里找到。此外，该网站更为重要的一点功能，就是可以在线制作动图，而且可以进行 gif 图片的压缩。

在 Soogif 中，运营者可以根据自身需要选择合适的动图素材，同时也可以运用创意来自己编辑动图素材。在一些新媒体推广文案中，动态图片的效果要远高于静态图片，多运用动态图片也能提高文案的可看性。

3.美图秀秀

美图秀秀也是一款功能强大的图片编辑工具。如果想要消除图片上的文字，可以直接选择其中的消除笔工具。相比于 PS 来说，应用美图秀秀来编辑图片，能够节省很多时间。尤其是处理一些图片尺寸变化、添加文字等操作，效率是非常高的。

4.PS

作为一款专业的图片编辑工具，PS 具有强大的图片编辑能力。相对于其他图片编辑工具，PS 的功能更加多样，但同时，操作难度也相对较高。新媒体运营者想要熟练掌握 PS 技巧，需要花费不小的功夫。

虽说想要让自己创作的内容更能吸引读者，提高文章质量自然是重中之重，应多在内容本身上下功夫，然而适当加一些图片和视音频的点缀，也是十分必要的，图片素材编辑是新媒体运营者必备的一项能力。

视音频编辑工具

与图片一样，视音频素材也是新媒体运营较为常见的资源。高效利用视音频资源，能够显著提升新媒体运营效果。相比于单一的文字内容，视音频内容更容易被用户所青睐，传播效果也要更好。

对于运营者来说，新媒体文案中的大多数视音频素材都需要经过编辑、调整后才能应用。在新媒体运营中，视音频素材的编辑大多是剪辑、裁剪等，一些专门做视音频运营的运营者还会自己编辑、创作视音频内容。

下面是一些常用的视音频编辑工具。

一、Amazing Slow Downer

这是一款"混音播放工具"，又被称为"神器变音器"。它可以在不改变音调的情况下，直接将歌曲变快或者变慢 50%~400%。

该工具支持 MP3、Wave、OGG 等不同文件格式的音频。在打开软件之后，可以直接选择需要的音频文件播放，同时还可以在操作界面控制音频的速度、音调和音量，在配置好选项之后，直接点击保存即可。

这款工具主要用于制作各种音效，或者是将简单的音乐转换成其他类型的音乐。

二、爱剪辑

这是当前国内较为流行的一款免费视频剪辑软件（图 6-7），它不仅能为视频添加字幕、相框，还能对视频进行调色、添加特效。对于新手运营者来说，这是一款入门级视频编辑软件，其所具备的编辑功能，能够满足绝大多数运营者的内容编辑需要。

图 6-7　爱剪辑软件

　　双击屏幕左侧空白区域，就可以选择打开视频操作。成功加载视频后，可以在编辑页面中对视频进行自由剪辑，在选定后还可以插入音频素材。同时，根据自己的需要，运营者可以选择添加音效或是背景音乐等。

　　这一视频剪辑工具需要用到的都是较为基础的操作，每一步骤也都有详细的引导，相比于高端视频剪辑软件，虽然细节程度有所不足，但整体性价比还是很高的。

三、变声专家

　　这款音频编辑工具可以完成多种声音的变声，同时还能为视频增加配音。一些直播平台的运营者在直播时需要变声，可能会用到这一工具。

　　想要改变声音，只要打开软件，点击假声，或者选择将要变化的声音就可以了。如果想要对声音进行精细调整，还可以调整其中的语音美化均衡器，选择适当的美化项目，在高级中调整降噪数值，就能制作出清晰的声音。

　　在所有数据都调配好后，选择录音设备，点击麦克风全部设置成默认，这样就可以直接应用变声。

　　该工具不仅能将男声变成女声，还能将声音转换成老人声、小孩声、动物声，一共有 50 多种动物和非人类声音可供选择，完全可以满足运营者的变声需求。

四、Adobe Audition CS6

如果想要寻找专业的音频编辑工具，Adobe Audition CS6 是一个不错的选择。其不仅运行流畅、操作简单，同时还带有先进的音频混合、编辑、控制和效果处理功能，是专业音频编辑人员的常用工具。

在软件中打开音频文件后，会在右边的编辑窗口中看到文件的波形图。在波形图上，会有一个黄色滑块，其主要作用是控制时间选择。运营者可以自由选择需要编辑的位置进行编辑。编辑结束后，保存文件即可。

大多数运营者使用 Adobe Audition CS6，都是看中了其降噪和消除人声的功能。降噪功能可以将音频中的噪声过滤掉，而消除人声则可以将音频中人的声音做淡化处理，达到 KTV 伴奏的效果。

五、Canopus Edius

这是一款专业的非线性编辑软件，主要用于后期视频编辑。其视频编辑功能强大，可以对多种格式的视频进行编辑。

作为一款专业的视频编辑软件，Canopus Edius 拥有完善的工作流程，可以为运营者提供实时、多轨道、多格式混编，同时还具有合成、色键、添加字幕和时间线输出等功能。

该款工具虽然功能强大，但很多特色功能都需要付费才能使用。因此，非专业视频编辑人员对这款工具的使用并不多。

六、Avidemux

不同于 Canopus Edius，这是一款完全免费的视频编辑器，可以进行视频剪辑、过滤和编码等任务，还支持各种类型文件格式，并能实现多任务处理和脚本功能。

在具体应用上，该款工具要比 Canopus Edius 更为简单，虽然功能上无法与 Canopus Edius 比肩，但对于不需要过于复杂操作的新媒体运营者来说，算是较为适用的一款视频编辑工具。

七、格式工厂

格式工厂是一款多功能媒体格式转换工具，几乎支持所有多媒体格式。利用格式工厂一款转换工具，基本上可以完成所有视音频的转换任务。

这款工具不仅支持各种类型音频、视频格式的转换，还支持图片的缩放、旋转和水印，以及图片格式转换的任务。

八、拍大师

这是一款非常好用的视频制作软件（图6-8），不仅具备视频剪辑、配音配乐、特效处理等功能，同时还可以进行屏幕或摄像头录像。其屏幕录像功能几乎兼容所有游戏，是游戏内容运营者的最佳分享工具。

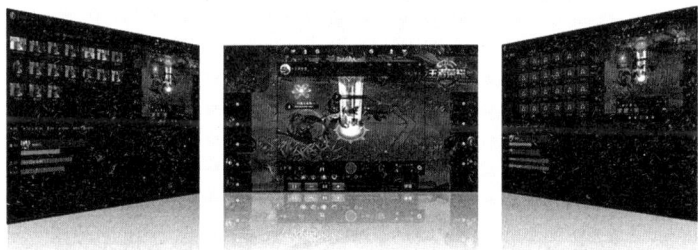

图 6-8　拍大师软件

对于一些做直播的运营者来说，这款工具在提供超高清录像功能的基础上，还能同时录制摄像头和画中画功能。在完成录制后，运营者还可以简单对视音频内容进行快速剪辑。

视音频编辑工具是新媒体运营者必不可少的应用工具，想要让自己的内容更加丰富有趣，就要综合运用多种工具软件。视音频的创意剪辑对于用户具有较强的吸引力，高质量的视音频内容能够塑造粉丝的忠诚度。想要做视音频运营的运营者，一定要多掌握一些视音频编辑工具。

文案策划工具

对于新媒体运营者来说，文案策划是一个重要岗位，也是一项重要能力。人员充足的新媒体运营团队会有专门的文案策划人员，人数不足的团队可能会有人身兼文案策划职能。

在广告学之中，文案和策划虽然有一定的联系，但其实是两个完全不同的专业分工。

文案主要是指以语言进行广告信息内容表现的形式。文案是广告中的一个环节，更多是提供文字创意内容。而策划则涉及方方面面的内容，既包括前期市场调查、环境分析，也包括后续平面设计、文案创作方面的内容。

在这里，我们将文案策划放在一起来说。但运营者要清楚，文案和策划是完全两种不同的工作分类。

文案和策划类内容运营者也需要一些实用工具来提高工作效率。前面提到的内容编辑、图片编辑、视音频编辑工具自然是必不可少的，此外，还有一些其他的文案策划工具也是文案和策划人员经常会用到的。

一、印象笔记

这是一款多功能笔记类应用工具（图6-9），具有强大的分类及搜索功能，能够帮助运营者迅速调出相关文件。对于一些临时想起的创意和想法，也可以及时记录在印象笔记中。其主要功能包括保持同步、剪辑网页、深度搜索、存储资料、团队协作和第三方支持等内容。

保持同步功能是指印象笔记在所有主流平台系统中，都可以实现同步。剪辑网页主要是指用网页剪辑插件将完整的网页保存到印象笔记之中，同时还可以添加一些高亮或箭头标注。

深度搜索功能让印象笔记可以搜索到图片中的印刷体中文和英文，以及手写英文内容。任何格式的文件都可以作为附件，插入到印象笔记中，同时还可以实现跨平台间的文件资料管理。

新媒体运营者可以利用印象笔记来搜集创意资料、制定文案计划，并利用团队协作功能来共享文案内容。

图 6-9　印象笔记

二、lighten

这是 App Store 上的一款思维导图工具。Lighten 拥有极简的操作界面，运营者可以专注于思维整理，捕捉住每一个灵感瞬间。

运营者可以在工作时，应用 lighten 快速记录下脑海中的灵感与想法，其简洁的界面，以及简单的操作流程，会让运营者感到轻松自在。

三、Paste

这是一款功能强大的复制粘贴工具。很多运营者在进行文案创作时，经常需要进行大量的复制和粘贴。很多时候，在复制了一个文本后，先前复制的文本就会被覆盖，这时如果想要使用此前复制的文本就会出现问题。

Paste 能够很好地解决这一问题。在设置选项中，Paste 可以选择保存 500个以上的复制粘贴历史。这样运营者可以轻松找到历史的复制内容，然后选择并进行操作。

除了能够寻找到复制粘贴的历史记录，Paste 中的类别和预览展示功能也能很好地帮助到文案创作者。

四、腾讯微云

腾讯微云是腾讯公司精心打造的一项智能云服务，用户可以通过微云来实现手机端和电脑端同步文件、传输数据。

微云网盘功能集合了文件同步、备份和分享功能，可以让手机和电脑间实现无线、无缝连接。微云传输功能可以将文件迅速传输到附近设备中，在同一个 WiFi 热点下，可以通过微云在不同设备之间高速发送文件。

五、扫描全能王

通过扫描全能王（图 6-10），运营者可以将智能手机转变为随身携带的扫描仪。在手机上安装这款工具之后，只要将需要扫描的文件拍个照，导入到全能王中稍加处理就会变成电子版内容了。

如果运营者想要使用一些书籍上的内容作为素材，在没有电子版资料时，可以用扫描全能王自动识别文字、提取文字，这样就可以节省很多打字的时间。

扫描全能王主要具有高清扫描、智能管理、图片搜索、文档协同和云同步等功能。

高清扫描主要用于快速拍摄文件、设计图、笔记、证书等内容，可以精确去除存在干扰的背景，同时还带有增亮、黑白、锐化、灰度等多种不同的图像处理模式。运营者还可以通过手动调节图像参数，让扫描的文档更加清晰。

智能管理则是在应用中修改文档名称、添加标签水印、手写批注等操作。图片搜索是扫描全能王最核心的功能，通过 OCR 技术，运营者只需要输入图片或文档中的关键字，就可以快速查找到含有此关键字的文档，同时还能将图片上的文字直接转变为文本输出出来。

图 6-10　扫描全能王

六、ABBYY PDF Transformer

处理 PDF 文件也是文案编辑经常会遇到的问题。ABBYY 是俄罗斯的一家软件公司，其在文档识别、数据捕捉和语言技术方面的开发居于世界领先地位。

ABBYY PDF Transformer 是 ABBYY 公司推出的一款解决 PDF 文档问题的工具。这款工具可以在 PDF 文档中进行编辑和添加批注，其将泰比的光学字符识别（OCR）技术和 Adobe®PDF 技术完美结合，具备便捷处理任何类型的 PDF 文件的功能，能够帮助运营者提高日常工作的效率。

对于文案策划人员来说，工具只能提高文案策划工作的效率，却无法提高文案策划的质量。想要做好新媒体文案和策划工作，一方面需要积累丰富的信息知识，另一方面还要掌握一些文案和策划工作的技巧。多关注高端文案创作者的内容创作，多了解成功运营者的策划实例，只有经过仔细研究学习，才能提高自身的文案和策划能力。

H5、APP、小程序制作工具

在新媒体时代，越来越多的新鲜事物出现在我们的日常生活中。随着第三方平台竞争加剧、流量成本不断增加，新媒体运营者必须依靠新的渠道平台去获取用户流量。当前，越来越多的运营者开始选择通过自建 APP、小程序和 H5 的方式来获取用户流量。

传统的 APP 开发需要耗费大量资金，但随着一些免编程的自助式 APP 制作平台的出现，很多并不懂编程技术的人也可以制作手机 APP。此外，借助微信推出的小程序，以及 H5 微网站制作平台的出现，也为新媒体运营带来了创新性的颠覆。

那么，APP、H5 和小程序，比较起来究竟哪个更适合新媒体运营者呢？对此，我们可以从它们优劣势方面的比较中做出判断。

一、APP

优势：APP 的功能非常多样，由于是自身平台，所以不必担心第三方审核问题。从前期引流到后期的用户维护，都有专门的手段和方法。变现的方式也是多种多样的。从使用体验上来看，用户体验良好，反应速度也比较高。可以说，当前手机 APP 已经成为一种最为流行的营销工具。

劣势：个人运营者开发 APP 需要花费的成本比较高，相对于其他工具来说，在性价比上可能有所不足。

二、H5

H5 界面如图 6-11 所示。优势：使用方便，用户体验较好。

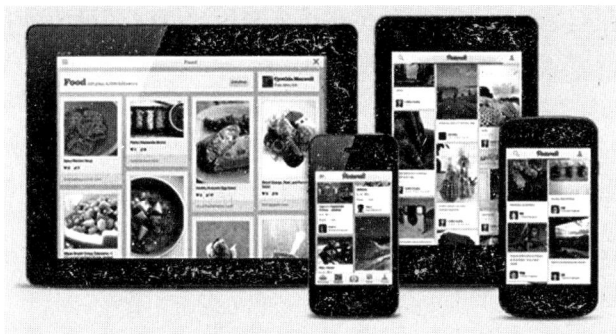

图 6-11　H5 界面

劣势：当前的 H5 想要实现多功能同步应用，还需一定时间。另外，加载速度也成为制约其发展的一大因素。

三、小程序

优势：小程序的最大优势是与微信深度对接，微信近 9 亿日活用户都可以当作是潜在用户。小程序在使用时不需要下载，用户门槛较低。其推广也非常容易，获取用户的成本相对较低。小程序非常适合结合微信公众号，与之同时形成以微信为基础的新媒体运营闭环。

劣势：当前微信对小程序的限制较多，嫁接微信让其入口较深。运营者一旦出现"越界"，就会被封号。

从这些优劣势对比可以看出，APP 在功能上更为全面，H5 应用较为方便，而小程序拥有大量的用户资源。因此，对于新媒体运营者来说，这三种实用营销工具都可以用于新媒体运营，运营者可以根据自己的需要来进行选择。

下面是一些制作 H5 和 APP 时经常会用到的工具。

1.MAKA

这是一款在线编辑器，可以创作出专业级的 H5 作品。该工具包含海量场景和动态效果，可以制作包括婚礼喜帖、邀请函、活动促销推广、招聘简历、动态海报等多种类型的 H5。

2.易企秀

这是当前应用较为广泛的 H5 制作工具。该工具拥有多种静态、动态模板，运营者可以直接挑选自己喜欢的免费模板套用，同时还可以通过易企秀 APP 直接看到网页的访问量和潜在客户的报名量。

3.兔展

兔展的操作非常简单，许多运营新手也能轻松掌握。前期会有很多免费模板供用户使用，开通付费功能将会获得更多精致特效。兔展的页面非常简洁，可以为运营者排除很多干扰内容。

4.即速应用

这是一款 APP 开发工具，使用完全免费，操作过程非常简单，在生成 APP 的同时，也会同时生成运营后台。即速应用拥有非常丰富的功能组件，通过各个功能组件的完美搭配，可以创造出功能齐全的 web app。此外，即速应用平台上还有数量众多的模板资源，即使是新手运营者也可以轻松完成专业 web app 的制作。

5.菜鸟应用

作为一款新推出的 APP 制作开发工具，菜鸟应用在功能上还比较单一。因其主打免费，所以吸引了很多用户。菜鸟应用上的大部分功能和模板都是免费的，其模板较为丰富，但用户无法自己 DIY 模板。

因为菜鸟应用上的模板可以直接套用，所以操作起来非常方便，很适合新手运营者。此外，菜鸟应用还为运营者提供了定制服务，新媒体运营者也可以选择定制服务，打造出符合心意的多功能 APP。

6.快站

作为较早发展起来的 APP 制作开发工具，快站的功能非常全面。由于起步较早，快站当前的市场普及率很高。但从 APP 开发角度来看，快站更专注于做电商 APP，所以功能方面会相对局限大一些。

由于可以免费使用，又拥有丰富模板，所以快站非常受新手运营者欢迎。快站的模板分类标签详细，方便查找，运营者可以随意使用。

7.应用公园

应用公园是一款较为专业的 APP 制作平台。相较于收费版而言，应用公园免费版只提供一些简单的组件和模板（图 6-12）。

图 6-12　应用公园 APP 制作

应用公园的组件分为高级组件和初级组件，同时还有一些特效模板，付费用户可以享受到更多模板资源。

对于新媒体运营者来说，H5、APP 和小程序是当前较为新颖的运营工具。由于诸多开发平台的出现，降低了这些运营工具的开发成本和开发难度，即使是新手运营者，也可以自己动手制作心仪的运营工具。

但正如前面所述，运营工具的作用更多的是辅助运营，是为了帮助运营者更高效地完成运营任务。单纯依靠辅助工具并不能实现运营的成功，真正决定运营成功的是完整的运营计划与策略。对此，运营者需要进一步掌握新媒体运营方面的知识内容，不断丰富完善自己，在不断尝试中寻找到适合自身的营销策略与方法。

第七章　新媒体运营之价值变现

打造个人品牌

新媒体运营的最终目的就是实现价值变现，尤其是当前新媒体行业呈爆发式发展，很多新媒体运营者都已经通过运营实现了价值变现。

然而，虽说新媒体行业的发展增加了价值变现的渠道，却也增加了变现的难度。很显然，当前情况下运营者想要实现价值变现，需要比以往付出更多努力才行。

为此，运营者需要做好一系列准备工作。这之中，打造个人品牌就是其中一个重要环节。而在打造个人品牌过程中，还有许多更为重要的细节，需要运营者努力做好。

确定品牌符号是运营者打造个人品牌的第一步。无论是新媒体，还是传统媒体，这一点都是十分重要的。在内容中融入自身品牌符号，这样品牌符号就会随着内容的传播而不断传播，这会在很大程度上提高运营的效率。

在生活中有很多这样的例子。当我们看到一个"被咬掉一口"的苹果标志时，会很轻松判断出这是苹果的品牌标志。而当看到一个金色拱门标志时，也会知道这是麦当劳的标志。

在新媒体行业中也是如此，很多运营者都用心打造自己的品牌符号，将品牌符号融入新媒体内容中，这样用户每一次传播，都会为品牌提供曝光机会。很多成功的新媒体运营者都拥有自己的品牌符号，很多时候运营者在平台上的名称就是最好的品牌符号，比如"papi酱""同道大叔"等。

除了名称外，品牌符号还有许多不同类别，运营者如果能在最初便将品牌符号植入用户内心之中，就能更好地提升运营效果。一般来说，品牌的符号可以分为视觉、听觉、嗅觉、味觉和触觉五个不同类别。在这里，我们做一些简单介绍。

这种品牌符号是按照感觉方式来划分的，还有其他的分类方式，但在内容上多是大同小异的。对于新媒体运营者来说，需要具备的品牌符号主要有看得见的符号和听得见的符号两种。

一、看得见的符号

视觉符号是最为常见的一种品牌符号，它可以出现在除音频以外的所有内容形式中，也是最为主要的品牌符号形式。

相对来说，品牌标志的识别度是很低的，尤其是新媒体行业中，运营者使用品牌标志的场景少之又少。如果在远距离或者动态展示时，这种品牌标志很容易被忽视掉。

一般来说，企业的所有运营都会采用统一的品牌标志，因此大多数企业在进行新媒体运营时，更多只是展示可见的品牌标志，以此来提高品牌的曝光率。

一些品牌企业都会选择较为醒目颜色的品牌标志，目的就是让用户形成长久记忆。比如可口可乐的红色、百事可乐的蓝色。

除了颜色上的差别外，一些企业在创作品牌符号时，还会选择独特的图形，比如路易威登的 Monogram 图案、星巴克的长发双尾美人鱼图案等。

对于个人新媒体运营者来说，如果只是想要推广个人新媒体平台。也可以从看得见的符号角度去设定自己的品牌符号。一个最为典型的品牌标志就是新媒体账号的头像，高流量的新媒体运营者很少换头像，不是因为他们嫌麻烦，而是因为他们怕粉丝认不出自己来。

另外一个较为显著的品牌符号就是新媒体运营者的内容风格。大多数运营者会专注于单一内容运营，或者说是更专注于垂直领域的运营。这就是一个明显的品牌符号，虽然可能会有品牌符号同质的风险，但也正是这种同质，才产生了竞争，分出了高下。在情感类毒鸡汤领域，"咪蒙"不就是一个很响亮的品牌标志吗？

二、听得见的符号

听觉符号与视觉符号一样，都可以成为新媒体运营者打造品牌标志的方向。听觉符号更多出现于视频和音频类型的内容中，它也是仅次于视觉符号的另一类符号类别。听觉符号不仅得到了许多企业新媒体运营者的重视，同时也有很多个人新媒体运营者将其作为主要的品牌符号标志。

英特尔公司广告中的"登，等登等登"的声音、步步高手机的"daladala"音乐声、酷狗音乐启动时的"hello 酷狗"的问候声，都是一种独特的听觉符号。这些听觉符号常常在听众脑海中萦绕，从而形成深远的记忆。

此外，听觉符号还可以是一句经典的文案，用户听到这句文案，就会迅速联想到这个品牌。比如戴·比尔斯广告中的"钻石恒久远，一颗永流传"这句文案，就会迅速让人想起戴·比尔斯珠宝。还有王老吉的经典广告语"怕上火，喝王老吉"，同样让人记忆深刻，以至于上火的时候会先想到王老吉，而不是降火药。

大多数企业新媒体运营者会延续企业的宣传标语，而个人新媒体运营者则会根据自己的风格特色、内容类别来确定听得见的品牌标志。很多新媒体运营者也会运用听觉符号来打造自己的品牌标志。

比如"papi 酱"经常在自己短视频中说的"我是 papi 酱，一个集美貌与才华于一身的女子。"这句标志性的听觉符号，每当用户听到后，都会在脑海中浮现出一个"贫穷 + 平胸"的女子形象。随着"papi 酱"的蹿红，这句话也成为了她的一个重要品牌标志。

新媒体运营者需要应用这两种品牌符号来打造品牌标志。无论选择哪种品牌符号，都需要以个人品牌内容为基点。同时还需要具备以下三方面的特性，这样才能让品牌符号成为自己专属的品牌标志，品牌符号的特性，如图7-1 所示。

1.简单

这种简单并不是说"文案内容要少""音频长度要短"，而是要让用户理解起来简单、传播起来简单。

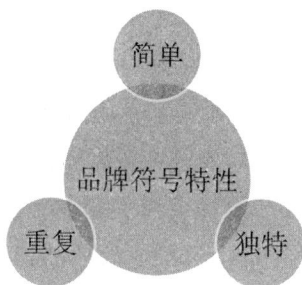

图 7-1 品牌符号的特性

这一点需要新媒体运营者根据自身的平台特征来确定。创建品牌简单符号的关键是发掘目标用户心中的符号，这样才会让目标用户产生共鸣，进而吸引用户的关注。

苹果公司最初的 logo 非常复杂，它是一款铭牌，上面画着孤独的牛顿在苹果树下读书。而在铭牌边缘还刻有英国诗人的诗句，四周则被苹果企业标志所环绕。

不可否认，这一 logo 的信息量是非常大的，内容也足够丰富，品牌信息和诗情画意兼备。但对于受众来说这有什么意义呢？大多数用户心中的苹果树下并没有牛顿，也很少有人会因为几句诗句去购买一台电子产品。

正因如此，苹果公司的这款 logo 很快就被撤换了，取而代之的是一个被咬掉一口的苹果。是谁咬掉了这块苹果呢？可能是牛顿，也可能是乔布斯。用户愿意去猜想正确的答案，正如用户会等待苹果的每一款新产品一样。

尽可能简单地表现出想要表达的东西，是新媒体运营者时刻要牢记的要点。这点不仅在个人品牌设计上，在许多其他方面也同样适用。

2.独特

品牌符号越独特，就越容易被用户记住。新媒体运营者需要展现出自身品牌的独特个性，这样才能获得更多用户的关注。

依然是苹果公司的例子。苹果公司的品牌标志是一个苹果，这很普通，至少在很多故事中都出现过。但苹果的品牌却并不是一个简单的苹果，这个苹果上带有一个缺口，正因为这个缺口为用户增添了很大的想象空间，同时也增添了品牌的独特个性。

同样，"咪蒙"所打造的反鸡汤式文章风格也是一种独特的品牌。正是在众多鸡汤中调配出了独特的味道，咪蒙的"毒鸡汤"才会受到用户的喜爱。这是一种反其道而行之的方法，但却并不是对每个运营者都适用的。

运营者需要在品牌符号设计时尽可能摆脱同质化因素。如果不能在人群中脱颖而出，就不要盲目冲入人群之中。

3.重复

很多运营者将品牌设计的重点放在了简单和独特上，却并没有对重复这一要素多下功夫，这是品牌塑造失败的一个重要原因。

一旦运营者确定了自己的品牌标志，就要在所有自己的品牌内容中有所体现，包括自媒体内容和广告宣传内容。只有这样才能让自己的品牌符号在用户心中扎根，才能让用户在脑海中建立起品牌符号和运营者品牌的链接。

如果"papi酱"不是从第一期视频开始就重复"我是papi酱，一个集美貌与才华于一身的女子"，那相信会有很多人记不住papi酱的名字，papi酱视频的传播速度也不会如病毒般迅速。

新媒体运营者想要实现价值变现，首先要将自己的新媒体品牌创造出价值。这就要求运营者在品牌设计时多动一些脑筋。很多时候，一些小的改变就能影响品牌发展的走向。

粉丝流量的前世今生

做新媒体运营的人，大多都听过"一切生意的本质都是流量"这句话。乍看之下，这句话很好地反映了流量对新媒体运营的重要性，但从现实角度来看，单纯依靠流量来做新媒体运营的生意是并不现实的。

因为从互联网时代到移动互联网时代，再到现在的新媒体时代，流量的价格变得越来越贵。BAT 等公司拥有大量的流量资源，这就导致其他企业想要获得流量资源需要付出更多的成本。也正是因为这样，流量才变得越来越贵。

流量确实是越来越贵，但这却丝毫不会影响流量在新媒体运营中的价值和地位。在当前新媒体运营市场中，谁能长期拥有流量，谁就更有价值。谁能率先找到新的流量入口，谁就能在市场竞争中获得主动。

互联网降低了流量获取的难度，但同时提高了流量获取的成本。一个很显著的例子是在"双十一"购物节期间，越来越多的互联网商家不在线上去做广告，他们纷纷回归到线下，依靠传统方法去获取流量。于是我们看到电视上、公交广告牌上出现了许多他们的广告。

他们为什么不再利用互联网传播来获取流量了呢？并不是因为线上线下全媒介覆盖，只是因为线上获取流量的成本太高，这一成本甚至要比线下投放广告还要高。流量昂贵、转化率低成为不少运营者回归线下的一个主要因素。

流量稀缺是互联网行业发展的必然，每一次新的流量入口出现，都会引发激烈的市场竞争。但经过一番激烈争夺之后，这些流量依然会聚集到几个巨头企业身上。巨头企业的运营和扩张需要流量支持，在获取流量上，他们不会吝惜成本，他们的需求和争夺抬高了流量的价格。

从 2016 年开始，阿里集团便掀起了"天猫双 11 全球潮流盛典"的热潮，举行大型明星演出晚会，目的就是要获取流量。对于那些小企业来说，如果不去花钱买流量，那销售业绩就会很差，最终只能做赔本生意。

这种现象告诉我们，传统的流量获取方式已无法适应现阶段的市场竞争，想要在新的市场竞争中存活下来，需要寻找到新的流量获取方式。这一点，对于任何一家企业来说，都是一个非常现实的问题。

在"网红经济"出现之后，所有的互联网模式都可以归结为"自有流量，精准转化"。意见领袖在社交平台上发挥作用，通过内容吸引精准用户，这样就出现了新的流量产生模式，进而就有了新的商业价值。这种商业价值可以变现成为广告，同时也可以转向其他方向。

伴随着文化娱乐产业的蓬勃发展，"网红经济"也开始火热起来。作为泛娱乐产业的一个重要组成部分，网红开始逐渐成为资本追逐的宠儿。但在大多数投资者眼中，他们投资的并不是网红，而是一种流量生产方式，或者说是对流量进行转化和变现的新模式。

"每一个网红都是一个新媒体运营者"，这种说法似乎有些并不合理，但从具体表现上来看，新媒体运营的出现，确实搭上了"网红经济"的特快列车。

个体网红是一个人格化的流量入口。在移动互联网时代中，用户越来越追求个性、追求时尚，所以个人和个性变得越来越重要起来。但对于投资者来说，投资个体网红是个风险较大的举动。从古今中外的历史发展来看，真正能长久不衰的，是那些能够长时间生产 IP 的好内容。想做到这一点，单纯依靠个体网红确实是有风险的。

除了网红之外，社交平台也开始成为新的流量来源。一些电商运营者开始从社交平台向电商平台引流，以此来降低流量获取的成本。

在所有社交平台中，微博和微信成为了获取流量的最好平台。微博和微信在很多时候存在一种良性的互补。

微博更多注重垂直领域的细分，而不过于强调熟人关系。通过在每个垂直领域中培养生态，然后从社交网络向社会化媒体转变。这种开放式的属性让其成为最容易获取流量的社交平台。

而微信更多强调熟人关系，其并没有细分领域内容。但伴随着公众号功能的出现及完善，微信对于垂直领域的渗透也逐渐加强。这就使其逐渐超越微博，成为新的流量获取平台。

网红既可以是真实存在的，也可以是虚拟存在的。有投资者认为，网红必须要满足四个基本特征；分别是原创、交互、个性和体验，这几方面特征也正是新媒体运营者在运营中需要注意的要点。网红的基本特征如图 7-2 所示。

图 7-2　网红的基本特征

传统的运营更多是单向的，吸引一个用户买单，然后再吸引另一个用户买单。而新媒体运营的影响则要更广泛、更深远，每个用户之间都会相互影响。新媒体运营者应该通过树立个人品牌、打造个人独特内容等方式吸引粉丝。

相比于传统广告，粉丝更喜欢为具有独特个性的运营者消费。通过社交平台，粉丝不仅能与运营者顺畅沟通，同时还能将自己的喜好传播给别人，通过点赞、评论或转发的方式，为运营者不断扩大影响。

从运营的角度来看，想要真正实现流量价值，运营者需要拥有内容输出和产品。内容输出必须能够打动粉丝，引发其情感共鸣，并且这种内容一定要对粉丝是有价值的。而产品同时也要符合运营者的个性，并满足粉丝需求，同时在品类上还要不断迭代、推陈出新。

　　从 PC 端依靠中心入口分发和搜索获取流量，到移动端流量越来分散，再到现在依靠内容创作去引导流量，粉丝流量的获取方式发生了极大改变。在未来，是否会有新的流量获取方式出现，我们对此不得而知。但可以确定的一点是，依靠优质内容去获取流量不止在今天是个高效的方法，在未来依然是非常重要的方法。

　　有预测表示，在未来，人工智能将会打开新的流量获取大门。从当前人工智能发展来看，想要实现这一点，还有很长的路要走。可能 10 年，也可能 20 年，当然，时间也可能会更短，或是更长。对于大多数运营者来说，当前情况下，扎根内容创作依然是获取流量的主要方式。想要探寻新的流量获取渠道，前提是要首先做好内容创作工作。

　　互联网技术依然在不断发展，新媒体行业也在逐渐演变。未来会是什么样子，没有人能够给出断言。对于新媒体运营者来说，放眼未来没有错，但立足当前才更重要。虽然流量红利已经逐渐消失，但新媒体行业依然有很多"价值"没有被开采。

增值与付费服务变现

"做新媒体运营，总会遇到变现的问题。不会变现、无法变现的运营者，一定做不长久。"这是一位并不资深的新媒体运营者的口头禅。

新媒体运营不好做，难就难在变现模式上。有的运营者粉丝数量不少，但在变现上却遇到了问题。一般来说，新媒体的变现途径是比较多的，但如果不选择合适的变现方式，想要达成变现是比较困难的。

在众多变现方式中，我们首先介绍增值与付费服务变现。这是一种常见的新媒体变现方式，其具体细节也有很多可选择的内容，如图7-3所示。

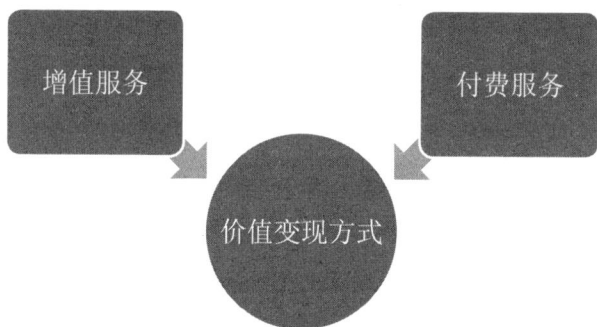

图 7-3　增值服务与付费服务的价值变现方式

当前大多数新媒体运营者都是走免费和收费相结合的运营模式，通过免费的方式可以快速获得用户资源，沉淀用户，获取流量。但在免费模式下，用户只能使用一些较为基础的功能，而收费模式很好地补充了这一点。

收费部分往往是运营者提供的增值部分服务，这是一种差异化服务，主要是为了满足用户的高要求而推出的。这就像坐飞机一样，有经济舱也有商务舱。消费金额不同,享受也就有所不同。

但在这里,很容易出现一个问题,那就是用户是否愿意付费。如果免费的基础功能可以满足用户需求,用户怎么能愿意再去消费呢?因此,运营者需要在普通用户免费习惯已经根深蒂固的情况下,多培养一些愿意为增值服务付费的忠实用户。

运营者需要平衡好普通用户和付费用户之间的关系,同时着力去发掘如何将普通用户转化为付费用户,也就是提升用户的转化率,这样才能更好地实现变现。如果运营者手中有 10 万个用户,但却连一个付费用户都没有,那依靠增值和付费服务变现也就毫无意义了。

一、增值服务

增值服务主要是指新媒体运营者为用户提供的超出常规服务范围的服务,比如微信等平台推出的付费阅读服务、"罗辑思维"等平台的付费会员服务等。

1.付费会员服务

"罗辑思维"的付费会员服务可以说是新媒体运营变现的一个典型案例,其在短短 4 个月时间里收取了上千万元会费,短短一周时间就招募到 2 万会员。这为"罗辑思维"的后续运营打下了坚实基础。

其中,普通会员的一年费用是 200 元,而铁杆会员的费用则是 1200 元。普通会员可以获得一个专属会员号码和一份神秘礼物,同时还可以有权参加"罗辑思维"线下的各种活动;铁杆会员则会每月获得一本"罗辑思维"的送书,在"罗辑思维"线下活动享有专属坐席,更有机会与罗振宇亲密接触、深度交流。

"罗辑思维"主要是通过意见领袖的个人魅力,将拥有共同目标和价值观的用户聚集在一起,在此基础上向组织外部进行更多方式的商业延伸。

在这一方面,与"罗辑思维"相同的新媒体运营者还有很多。如"桃桃淘电影"聚集了很多电影爱好者,"书单"聚集了许多喜爱阅读的用户。这些新媒体运营者不仅为用户提供内容上的相关话题,还会推出一些付费会员服务或线下活动。这一增值服务方式也是当前较为流行的一种方式。

2.付费阅读服务

这是增值服务的另一种形式，在众多新媒体平台中，微博首先在这一方面展开了探索。

在微博平台上，满足条件的作者可以成为微博付费阅读作者，进而可以使用付费阅读功能，将自己发布的文章设置为付费订阅模式。这样，用户想要查看相关文章，必须要支付相应费用才行。

除了微博，知乎、微信也推出了付费阅读模块。此外，付费阅读服务也成为了媒体平台的一项重要激励措施，通过这种方式能激励平台创作者更加努力创作内容。这也是当前众多自媒体平台对内容创作者所采用的一项重要激励措施。

二、 付费服务

很多运营者会将增值和付费服务放在一起，二者确实并不容易分辨。很多新媒体平台的付费服务就是增值的一个部分，因此二者也可以并归到一起来说。

1.粉丝打赏

打赏功能并不是一种增值服务，其只是在一些平台中常见的付费模式。一些人将打赏与众筹模式放在一起比较，认为二者并没有太大区别。确实，在一些场景中，粉丝打赏与众筹模式的确很像。

众筹模式是为了一个预定目标发动事先付费的模式，当这个预定目标是一篇文章时，就很像打赏功能了。作为新媒体领域的一种新的变现方式，打赏和众筹都已经经过了较长时间的发展。

由于苹果手机用户无法使用微信上的打赏功能，这也导致粉丝打赏这一模式在发展上受到了一定的限制。此外，完全自愿式的打赏在当前互联网环境中能否成为有效的变现手段，还有待时间的检验。

2.付费问答

付费问答也是一种新媒体变现的方式。以知乎推出的问答产品"值乎"

为代表，果壳网也推出了付费语音问答产品"分答"。此外，还有餐饮版付费问答"餐答"，职场版付费问答"业问"和医疗版付费问答"来问医生"等不同领域的付费问答服务。

这些付费问答服务往往出现在垂直领域的专业媒体平台上，专业的垂直平台拥有专业化知识，能够分享优质的内容回答。相比于专业化媒体平台，综合性媒体平台显然在这方面略显逊色。

3.付费课程

相比于付费问答服务，付费课程服务变现的效果要更好一些。但同时，付费课程服务对新媒体运营者的要求也要更高一些。这一点，依然是专业的垂直领域媒体平台占据着主动。

付费问答和付费课程都是知识变现的一种重要手段，当前很多运营者都依靠这种方式获得了自己的第一桶金。但正如前面所说，知识变现的一个重要基础就是知识内容要有价值，这种价值更多是让用户觉得需要，并愿意花钱去消费。在这种情况下，知识内容的价值才能真正显现出来。

4.付费活动

付费活动服务也是一种较为常见的变现方式。有一些新媒体运营者会组织线上线下的活动或见面会，由此会延伸出一些新的付费服务。其中，活动的门票收入和广告收入就是其中较大的两个方面。

无论是线上活动，还是线下活动，运营者都是有一定诉求的。

当粉丝数量不多，需要聚集人气、增长粉丝时，运营者会通过线上线下活动联动，扩大自身影响，来获取更多粉丝。这一阶段的活动基本上是免费的，其目的主要是增大粉丝基数。

等到粉丝数量足够多时，运营者依然会组织线上或线下活动。这种时候，运营者虽然也有增大粉丝基数的诉求，但更多是为了扩大自己的影响，或者说是通过活动来实现价值变现。

对于新媒体运营者来说，变现在大多数情况下都是一个终极目标。但换一种角度来看，这又是一个最为基础的运营目标。如果无法实现价值变现，那运营者的运营目的又是什么呢？打造企业品牌，这也可以算作是一种变现的方式，只不过变现的经济收入进入了企业口袋而已。

伴随着新媒体行业的蓬勃发展，新媒体运营的变现方式也在不断增多。近年来兴起的知识付费热潮让新媒体人如沐春风。当然，真正依靠知识付费成功的运营者依然只是金字塔尖上的一部分人。想要依靠知识付费实现商业变现，运营者需要做的事情还有很多。

新的变现方式——知识付费

如果从新媒体行业的变现发展历史来看，知识付费并不能算是一种新的变现方式。"知识付费"这一概念从 2016 年开始火爆起来，与这一概念一同火爆的还有知乎、得到等媒体平台。

说到知识付费，其就是把知识变成产品或服务，通过这种方式实现商业价值。在 2016 年，知乎、得到、喜马拉雅 FM 等付费平台的知识付费内容异常火爆，付费内容的不断涌现也让知识付费开始逐渐成为新媒体运营变现的一种主要方式。

知识付费的商业模式包含以下几种形式，如图 7-4 所示。

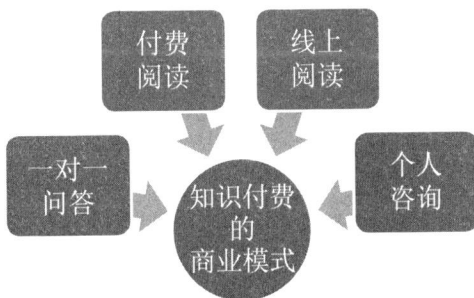

图 7-4　知识付费的商业模式

随着移动支付的普及，知识付费又迎来新的一轮爆发式发展。大多数用户对于知识付费的内容并不排斥，反而有很多用户愿意为获取知识付出一定的费用。用户的积极响应也让知识付费成为一种潮流，同时也让新媒体运营者发现了知识付费之中的赚钱之道。

罗振宇开创的"得到"，引领问答模式潮流的"分答"，专业气息浓厚的"知乎 live"，这些都是在知识付费趋势下出现的新媒体产品。这些新媒体产品的出现，让个人内容产出开始有了价值回报，也让更多运营者参与到内容创作之中。

从近两年的发展来看，知识付费模式依然表现出猛烈前进的势头。根据艾媒咨询的报告显示，2016 年中国知识付费的用户规模大约为 0.98 亿人，预计到 2018 年，知识付费的用户规模将会达到 2.92 亿人。而《新媒体蓝皮书：中国新媒体发展报告（2018）》则指出，到 2017 年底，中国知识付费用户已经达到了 1.88 亿。从这两份资料也可以看出，当前中国知识付费市场确实保持着高速增长的态势。

而从具体数据来看，2017 年，中国知识付费产业规模约为 49.1 亿元，在未来几年，预计到 2020 年，知识付费产业规模将会继续扩张达到 235 亿元。

不可否认，知识付费市场蕴含着大量的商机，对于新媒体运营者来说，如果能够搭上知识付费这趟特快列车，不仅是变现问题，新媒体运营过程中的很多问题都会得到解决。随着用户越来越细分的需求，知识付费市场对于知识内容的需求也变得越来越多，这就为新媒体运营者提供了更多机会。

除了用户需求开始转向细分领域外，资本的入场，也为新媒体运营者进行知识付费尝试提供了助力。

"简知"成立于 2017 年 8 月，是一款女性内容付费平台，其主打女性内容付费领域，目标用户是 25 到 45 岁的普通家庭女性。经过短时间发展，"简知"便完成了 1600 万元的 Pre-A 轮融资。

并不仅仅只有"简知"获得了资本的扶持，还有很多专注于细分领域的新媒体运营平台受到资本的垂青。正是知识付费这股东风成就了这些新媒体平台，也正是这些不断涌现的新媒体平台，让知识付费这场大风越刮越猛。

在信息过载的今天，人们没有时间去信息堆中整理那些碎片化信息，他们宁愿花费一点金钱，让别人帮助自己将零碎的信息整理成为完整的知识和能力。当这种想法真正实现之时，人们会更加不愿意去自己整理，这就使得越来越多的人对优质信息和知识，处于一种刚需的状态。

前面提到，知识付费虽然发展迅猛，但在发展过程中却出现了不少的问题。同质化问题就是知识付费产业所面对的最为严重的一个问题，也是新媒体运营者在运营过程中需要竭力避免的问题。

首先，从个体运营者来说。

一旦运营者的原创内容吸引了粉丝关注，就会有其他同类内容迅速充斥在互联网中。在跟风潮流之下，运营者原创内容的价值开始不断下降，原创内容的质量也随之出现较大下滑。

另一方面，即使是细分领域的运营者，也会面对严重的同行业竞争。"蛋糕"只有那么大，竞争自然会异常激烈。因此，运营者在知识内容创作上要努力摆脱同质化，多进行内容创新。

其次，从新媒体平台来看。

当前较为火爆的知乎、得到等在定位上存在很多相似之处，缺少独特性。在竞争对手较少的情况下来看，现在这些平台的内容还是较为优秀的。但伴随着新媒体行业继续发展，越来越多的知识付费平台兴起，平台内容的独特性必然会成为决定平台生死存亡的关键因素。与其到那个时候再去寻找独特性，不如及早探索独特的发展道路。

对于新媒体平台来说，还有一个至关重要的因素，也关乎着知识付费变现能否长久。这个因素就是平台的品牌。知识付费平台只有向用户展示出独特魅力，才能增加用户的信任度。抓住用户的内心需求，在情感上制造共鸣，通过品牌效应来扩大平台的影响力，这是知识付费平台在未来需要努力的方向。

"罗辑思维"团队的"得到"APP平台，之所以能够受到用户的普遍欢迎，与罗振宇的个人魅力和个人影响力有很大关系。当然，"得到"想要真正长久不衰，单纯依靠罗振宇的个人品牌是不够的，打造出"得到"的专有品牌魅力是"罗辑思维"团队一直努力的重点。

无论是个人运营者，还是新媒体平台，无论是解决同质化问题，还是打造品牌特色，焦点问题都是如何更好地提高用户黏性，这是确保知识付费能够长久发展的关键。知识付费很可能会成为未来新媒体产业发展的一个重要趋势，同时也可能会成为新媒体运营变现的最主要方式。

因此，对于新媒体运营者来说，抓住知识付费潮流，注重精品化内容创作，提升新媒体运营水平，打造独特个性品牌，这些不仅是提升市场竞争力的必要手段，也是新媒体行业发展的必然趋势。

承接广告变现

在众多新媒体变现形式中，广告和代言变现是比较常见的，同时也是最好的一种变现模式。之所以说广告变现很好，是因为这个过程中运营者所进行的基本是无成本劳动。当然，现在大多数公众号广告都需要运营者原创编辑，这种方式的广告变现也要比一般的广告变现收费更高一些。

广告变现确实是一种最好的变现方式，但并不是所有新媒体运营者都适合利用广告来变现。一般来说，以下几种新媒体运营者更适合将广告作为主要变现手段。

一、营销号运营者

一般来说，在微博和微信上活跃的营销号主要是利用广告来实现变现的。一些营销类账号都有明确的广告价码，在广告变现上已经形成了一套完善的流程。

二、网络红人

网络红人通过在自己的短视频或直播平台上植入广告进行代言，以此获得广告收入。但这种广告变现方式可能会涉及与平台的利益分成，因此具体的变现收益还需要考虑与平台签订的合同内容而定。

三、本地新媒体运营者

这类新媒体运营者也是主要通过广告变现来实现营收的。本地类新媒体主要是各种类型的本地号，涵盖衣、食、住、行、吃、喝、玩、乐各个方面。

因为与本地居民生活联系紧密，这类新媒体账号更容易受到本地广告主的追捧。如果运营者能够把粉丝数量做起来，通过广告变现就是水到渠成的事情。

四、细分领域新媒体运营者

情感类、鸡汤类新媒体也容易受到广告主的欢迎。那些不受特定领域局限的新媒体，可以适用多种不同的广告产品。

而细分领域的新媒体同样也可以依靠广告变现，不过因为专注领域较为集中，所以适用广告产品的范围也较小，在具体的广告变现过程中受到的限制会比较多。但如果能在细分领域做好，依然可以通过广告变现来实现营收。

以上这些新媒体运营者都可以通过广告变现实现。当然，也并不仅仅只是这些新媒体运营者，只要能够拥有较大用户流量，拥有一定数量的忠诚用户，都可以依靠广告变现获得利润。而这里面的问题就在于如何能够接到广告订单，这也是广大运营者最为关注的一个问题。

一般来说，广告主更喜欢在那些头部媒体投放广告，这样一来品牌和曝光上都会有保证。但这种投放广告的方式，需要花费的费用也是很高的，如果最终没有转化率和成交率，那对于广告商来说就是一种得不偿失。

正是出于这种考虑，现在很多广告商开始寻找一些性价比较高的新媒体平台。相比于集中在头部媒体花费较高费用投放广告，不如在一些影响范围较小的媒体平台投放广告。虽然总费用差不多，单个媒体平台的影响范围也有限，但从整体上来看，无论是影响范围，还是转化率，可能都会更好一些。

广告主的这种转变为刚入场的新媒体运营者提供了新的机会。想要把握住这种机会，运营者应该从以下几个方面进行努力，如图 7-5 所示。

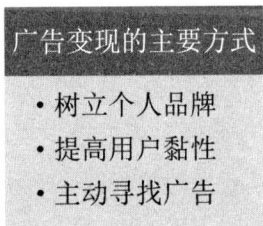

> **广告变现的主要方式**
> - 树立个人品牌
> - 提高用户黏性
> - 主动寻找广告

图 7-5　广告变现的主要方式

1.树立个人品牌

新媒体运营者想要承接到广告，就要努力树立个人品牌。与其说是个人品牌，不如说是运营者的平台风格。对于运营者来说，无论是公司化运营，还是自媒体平台运营，一个"拟人化的形象"是十分必要的。用一个当下流行的词语来解释，就是"人设"。

做新媒体运营，首先要营造一个统一的"人设"，这样无论是发布内容，还是植入广告，都能更容易被粉丝所接受。

2.提高用户黏性

粉丝数量的多少在很大程度上决定运营者能否接到广告。在新媒体行业迅猛发展的前期，粉丝数量是广告主关注的焦点因素。但到了后新媒体时代，在粉丝数量之外，广告主将关注点更多集中在了粉丝质量上。这里说的粉丝质量就是粉丝的黏性。

拥有较多粉丝的运营者，接受广告的价格往往是较高的。但由于其用户不够细分，导致广告传播效果并不明显。对于广告主来说，花费高额价格做广告，传播效果却不好，这种亏本买卖是不值得做的。因此，广告主会更多寻找一些粉丝黏性较高的账号，即使粉丝数量不那么多。

以微信公众号为例，当前微信公众号的打开率普遍在 3% ~ 5% 左右，而那些粉丝黏性比较好的公众号，打开率可以达到 15%。打开率越高，转化率也会越高，广告主宁可选择黏性较高的小号做广告，也不会选择黏性不高的大号。因此，提高粉丝黏性对于运营者来说也是十分必要的。

3.主动寻找广告

如果运营者在最初就想通过广告实现变现，那就不要等待广告主自己找上门，而是应该主动去寻找广告主。无论是在内部平台，还是外部平台，都应该做足工作。

运营者可以在自己的平台上发布广告合作意向，介绍自身资源优势、合作方式和参考价格，然后留下具体联系方式，等待广告主联系。

同时，运营者还可以去其他一些新媒体平台上发布信息，主动介绍自身资源优势，也有可能获得广告主的青睐。

总体来说，运营者做好以上几方面的准备工作，就能或多或少地获得一些广告资源。如果做好了这几方面工作，却依然没有办法依靠广告实现变现，运营者就需要整体复盘自身运营过程——从建号之初到发展轨迹，都需要认真检视，找到问题的根源，并将其解决，这样才能更好地做好新媒体运营。

此外，运营者获得广告资源后，在发布广告时还需要注意一些问题。如果因为过分发布广告信息，导致核心用户流失，那对于运营者来说可是得不偿失的。因此，在自身平台发布广告信息时，应该注意不要引起用户的反感。

首先，运营者在发布广告信息时，不要让广告内容影响到文章的整体性。从当前新媒体广告植入情况来看，很少有新媒体运营者会直接用一篇文章来做广告，大多数都是在文章结尾或者运用贴片图片等形式来展示广告。

这种做法既能够达到广告主要求得到曝光的需求，又不用担心广告太硬而对用户心理造成伤害。由于绝大多数用户对新媒体平台"打广告"已经了然于心，所以运营者如果能将广告巧妙融入内容中，就不会影响到粉丝的阅读。如果文章和广告内容融合度高的话，反而还会得到用户的认可。

当然，如果运营者能够将广告也作为自己内容的一个部分，那不仅会增加内容的丰富程度，也能为自己获得更多的广告资源。

在应用广告变现时，运营者不能什么样的广告都接，要尽可能寻找一些与自己平台定位相符的广告，这样用户也会更容易接受一些。此外，对于那些品牌信誉较差，产品存在风险的广告商，也需要慎重对待。

第三部分

精通篇：抓好要点，提升技能

第八章　新媒体时代的粉丝经济

用户画像勾勒粉丝特征

"用户画像"又被称为"用户角色"，是一种勾画目标用户、联系用户诉求和设计方向的有效工具。在大数据时代中，科学技术的发展为消费者行为带来了一系列改变。在这些改变中，最为主要的一点就是消费者在互联网上的所有行为都变得"有迹可循"。

随着人们对大数据技术研究的不断深入，企业越来越注重通过大数据技术来进行精准营销，进而发掘出更深层次的商业价值。"用户画像"的概念正是在这种情形下产生的。

"用户画像"可以完美勾画出一个用户的"整体面貌"，为更加准确分析用户行为习惯和消费习惯提供了充足的数据支撑。

企业通过收集、分析消费者的社会习惯、生活习惯和消费习惯等方面的数据信息，可以呈现出一个用户的"数据面貌"。这为企业提供了充足的信息基础，能够帮助企业快速定位到目标用户群，同时也能更加准确地收到用户需求的反馈信息。

企业如此，新媒体运营者也是如此。通过用户画像，运营者可以从用户的数据信息中，汇总出目标用户的数据特征，然后根据目标用户的数据特征，再去选择适当的运营手段。这样不仅能提高运营的效果，也能够帮助运营者更好地增加用户黏性。

无论是对于企业生产者来说，还是对新媒体运营者来说，用户画像主要有两方面的意义。

一、精准运营，提升用户体验

企业如果不了解用户特征和用户需求，生产工作就是闭门造车瞎折腾。

运营者如果不了解用户特征及用户需求，运营过程就会找不到重点。如果通过实现调研，利用大数据技术绘制用户画像，就能找到更为精准的运营方法，提升用户的体验。

二、完善运营流程，提高运营效果

通过用户画像，运营者可以找到目标用户，进而找到用户偏好的内容。针对运营过程中获得的用户信息，不断完善运营体系，在为用户提供更加良好的运营内容的同时，提高运营的整体效果。

大多数运营者喜欢将用户画像工作称之为"贴标签"，每一个标签都是一个精细化的特征标识，这些标识包括年龄、性别、地域等多种内容。一个用户身上会被贴上很多标签，将这些标签综合在一起，就能得到一个完整的"用户画像"。

一般而言，新媒体运营中的"用户画像"构建，需要经历四个主要阶段，如图 8-1 所示。

图 8-1　用户画像构建主要阶段

1.目标解读

运营者要明确平台运营的战略目标，同时还需要明确平台运营的预期效果。战略目标和预期效果不同，用户画像平台的构建也会有所不同。

运营者首先要明确自己的运营目标，以及想要达到的运营效果。结合这两方面内容，再去构建用户画像，这样才会更有针对性、更有效率。

2.立体画像

对用户进行数据画像时，首先要结合用户的实际需求，找到用户的数据实体。简单来说，运营者需要先找到自己的目标用户，然后再去从目标用户身上提取标签。

举例来说，一位网络游戏主播在做用户画像时，她的目标用户是网络游戏爱好者，年龄主要在 15 ~ 35 岁。这可以看作是用户的"数据实体"，在确定了这一实体之后，这位主播还需要更加细致地分析实体之中的其他信息，也就是需要贴一些不同的"标签"。

想要让用户更准确，就要找到更多合适的标签，然后根据这些标签去安排内容。比方说用户是学习派，想要多了解一些游戏攻略，那就多发布一些游戏攻略类信息，引起这些用户的兴趣。

3.细分标签

在这一阶段，新媒体运营者需要根据相关性原则，选取与自身运营目标相关的用户特征信息，将这些用户特征信息收集整理，作为用户画像内容的一部分。

在这个过程中要注意，用户特征信息并不是越多越好，而是一定要选取那些与自身运营目标、平台特征相近的内容信息。太多无用信息会干扰用户画像的准确性，影响到运营的最终效果。

4.安排人员

在用户画像的最终阶段，需要合理安排运营团队的人员。同时要针对不同角色人员的需求，设计安排好运营者的应对方案和工作流程。

对于新媒体运营者来说，构建用户画像的过程并不简单。无论是综合领域规模较大的运营者，还是细分领域规模稍小的运营者，都需要充分了解用户画像中的各项内容元素。只有综合这些内容元素，才能得出一个完美的用户画像。简单来说，新媒体运营者需要关注的用户画像要素主要有以下几点，如图 8-2 所示。

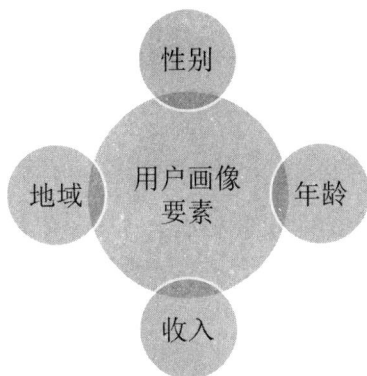

图 8-2　用户画像的要素

（1）地域。这是指用户所在的地理位置，对于运营者来说，这一要素是非常重要的。相对来说，一二线城市居民收入较高，对新鲜事物的兴趣也会相对浓厚，所以运营活动往往要别出心裁才能够吸引他们的关注。而三四线城市的居民对于大多数运营活动都会充满兴趣，所以在运营时应该注重地域因素的影响。

（2）性别。这是最为基础的要素，同时也是最为关键的要素。如果运营者连用户的性别都不加以区分，那运营工作也就无从谈起了。

区分清楚用户性别之后，还要找到不同性别用户的特征，然后根据这些特征来进行运营。相对来说，男性用户更喜欢冷色调，也更为理性；女性用户则更喜欢暖色调，稍显感性。因而，在针对女性用户做运营时，一定要调动其情绪，深入其内心；而男性用户则更喜欢新鲜、刺激的内容。

（3）年龄。与性别一样，二者都属于基础而关键的因素。不同年龄段的用户拥有不同的心理特征。相比于 80 后，在二次元领域中，00 后更加具有发言权；而对于武侠江湖内容，80 后无疑是传播的主力。

（4）收入。收入也是同样重要的用户画像要素。收入的高低影响着用户的消费水平，如果运营者是在做一些高端奢侈品，那将目标用户对准高收入人群显然是正确的；如果运营者在做励志向上的内容，面向刚刚开始的创业者就是准确的。找准这一点，才能为做好内容运营工作打下良好的基础。

用户画像的构建并不是凭空绘制的，想要构建用户画像，首先要聚集起一些用户。找到这些用户之后，再从这些用户群体中收集信息内容，或者是为这些用户贴上相应的标签。

运营者可以选择在相同时间内，推送不同风格的内容，然后根据阅读量的变化，来判断用户更喜欢哪种类型的推送，然后逐渐将这种风格固定下来。此外，运营者还可以控制其他变量，通过进行一系列测试，搞清楚用户的特征风格、阅读偏好等内容。

在掌握基本的用户画像构建之后，还需要对用户进行精准分类，这些都是用户运营的重要内容，也是新媒体运营者的必修课。

"涨粉"的秘诀在哪里

"涨粉"作为新媒体运营的一项重要指标性工作，让众多新媒体运营者苦不堪言。现在，越来越多新媒体运营平台将"涨粉"作为一项硬性绩效指标，记入到运营者的绩效考核之中。这也让众多运营者"谈粉色变"。

"涨粉"之所以会让运营者感到为难，并不是因为缺少必要的涨粉手段，而是因为大多数涨粉手段都很难见效。

"涨粉"需要方法，这一点毋庸置疑。而至于涨粉方法是否奏效的问题，很多时候还需要结合具体情境来进行分析。不能说哪一种方法一定不能涨粉，也不能说哪一种方法一定能涨粉。我们还是首先来了解一下涨粉的基本方法，如图 8-3 所示。

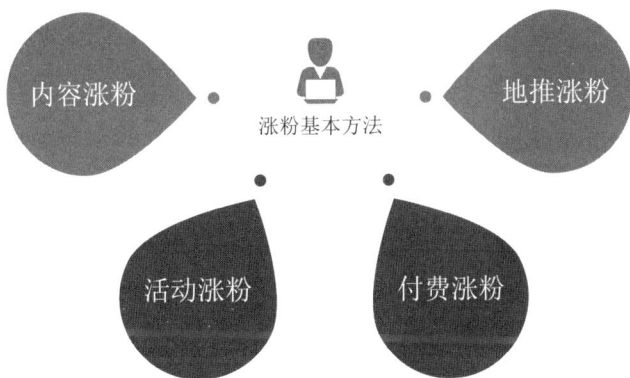

图 8-3　涨粉的基本方法

一、内容涨粉

依靠优质内容涨粉，这是成本最低、也是最根本的涨粉途径，虽说涨粉效率较为低效，但却能吸引来忠诚度极高的粉丝。

一篇 10 万＋的爆文就可能会为运营者带来庞大数量的粉丝，而如果一篇文章阅读量只有几十、几百，那它能带来的粉丝数量显然是少之又少的。

此前一篇《北京，有 2000 万人假装在生活》的文章，在短短 24 小时内，阅读量就飙升到了 710 万人次。仅此一篇文章，就为运营者增加了近 30 万人的关注数。这可以说是通过内容涨粉的典型事例。

通过爆款文章的内容传播，很容易让读者产生共情，进而在情绪的影响下，引发大量读者的关注和转发，从而实现短时间内粉丝数量爆发式的增长。

二、活动涨粉

这也是一种基础性的涨粉方式。不同于内容涨粉，这种方式的涨粉效率很高，能够在短时间内实现迅速涨粉。但相对来说，它存在一定的操作难度，想要低成本实现涨粉并不那么容易。

一般来说，新媒体运营者通过活动涨粉，可以分为付出成本和不付出成本两类。这里我们只讨论不付出成本的活动涨粉。

曾经新世相运营过一次"逃离北上广"活动，引发了微信和微博的转发热潮，从而实现 10 多万的粉丝数量增长。从这起活动涨粉事例可以看出，想要成功通过活动涨粉，必须要有一个充满创意的活动方案，并且这一方案还需要有优质文案来点缀。具备了这两点因素外，还需要能顺利将这一活动执行下去，这样才能起到引人关注的效果。

这种活动涨粉方式的难点就在于对活动策划有较高要求，而且如果是大型集体活动，还需要向有关部门备案，存在一定的操作难度。

三、付费涨粉

这种涨粉方式周期短、效率高，同时还可以设定涨粉目标。但相比于前两种涨粉方式，这种方式获取粉丝的成本很高，而且成本变得越来越高。

一些企业新媒体愿意花费一些费用实现迅速涨粉，因此会选择这种方式涨粉。还有一些新媒体运营者在前期花费资金实现迅速涨粉，后期通过承接广告实现粉丝价值变现，实现回本得利。

这种付费涨粉的方式虽然能够实现短期迅速涨粉，但是否能够留住这些粉丝，是运营者必须要考虑的问题。对于大多数运营者来说，在没有明确定位和优质内容之前，不要轻易尝试这种涨粉方式。

四、地推涨粉

虽说相比于付费涨粉，地推涨粉能够有效控制成本，但涨粉效率普遍较低，而且通过这种方式获得的粉丝，要比通过内容涨粉获得的粉丝更容易流失。

我们经常会看到商业街上有宣传"关注微信拿奖品"的活动，这些活动赠送的往往是价格较为低廉的小东西，比如小饰品、小玩具等。这其实就是一种地推涨粉的方式。对于参与活动的用户来说，只是关注一下微信号，就能获得小礼物，看上去很划算。但对于运营者来说，只是付出了较少成本，便获得了粉丝，这是更为划算的。

当然，对于参与活动的用户来说，可以在拿到礼物之后，再取消关注。而这也正是这种地推涨粉的风险所在，其很难真正留存住粉丝，即使粉丝留存下来，大多也都会沉淀为非活跃粉丝。

对于运营者来说，采用地推方式获得粉丝，需要考虑粉丝的准确度。以母婴媒体平台运营者来说，在礼物选择上，就要贴近婴幼儿的喜好，这样才能更容易引发关注。此外，在获得粉丝关注后，将平台内容做好才能促进粉丝活跃，从而留住粉丝。

以上都是较为基础常见的涨粉方式。对于不同的运营者，在不同的传播情境中起到的效果也是不同的。因此，不能单纯说这些方式好或不好。除了这些方式外，当前新媒体行业还出现了一些新的涨粉方式，但从具体的涨粉方式上来看，大多都是大同小异的。

除了这些较为相似的新媒体涨粉方式，"用户裂变"逐渐成为新媒体涨粉最为高效的一种方式。所谓"用户裂变"，是相对于传统涨粉方式，即用户的线性增长而言的。裂变式传播主要是通过社交转化的方法，来实现用户指数性增长。

当然，这种裂变式传播有一个重要前提，那就是为用户提供利益驱动。此前"有书"媒体平台曾应用过这种涨粉方式。

当时用户在关注"有书"后，会收到预备群的二维码。在收到二维码后，如果用户想要进入读书群中获得读书资料，那他还需要将一段文字和带有二维码的海报分享到朋友圈。完成此种操作之后，用户可以获得相应的读书资料，而用户朋友圈中的海报则会被更多人看到。

这种涨粉方式无论从速度，还是从效率上来看，都是很高的。对于运营者来说这是一种不错的涨粉方法，但在实际操作中需要结合平台的实际情况来进行。

当然，这种方法也有一些明显的缺陷，如果不能克服这些缺陷，这种涨粉方式将很难发挥出应有的效果。

首先，越来越多的运营者使用"用户裂变"的方式增长粉丝，久而久之，用户就会产生抵触心理。当用户一看到分享到朋友圈才能领取奖品的内容，就会知道这是运营者设下的"圈套"，大多数用户对此都会选择无视。

其次，想要让这种涨粉方式真正起到效果，还需要保证分享的资料或奖品能够引起用户的兴趣。如果用户对此不感兴趣，不要说分享率会降低，就连阅读率都会下降，涨粉效果自然也会随之降低很多。

最后，想要通过这种用户裂变的方式实现涨粉目的，需要安排很多运营者来管理用户群。用户群越多，需要的运营者就会越多，想要让一个运营者来负责所有用户群是不现实的。

从上面的介绍可以看出，没有哪种涨粉方式是完美的，每种方式都或多或少存在一些缺陷。想要获得最大化的涨粉效果，就要综合运用多种方法。比如，在付费涨粉之后，开始依靠内容留存住粉丝，进而再次实现粉丝增长。

运营者应该综合考虑多种涨粉方法，不能依靠单一方式涨粉，而是要根据自身平台的特征和定位来进行选择。

粉丝黏性的增稠剂

对于那些想尽办法涨粉，之后获得成功的运营者来说，发现渡过了一个"劫难"后，又有一个新的"劫难"在等待着他们。这个"劫难"就是增加粉丝黏性。

对于运营者来说，增加粉丝黏性是一个重要问题，很多时候甚至关乎着运营的成败。增加粉丝黏性不仅能够提高内容的阅读量和转发量，同时还能通过粉丝的分享行为获得新的粉丝。更为重要的是，粉丝黏性在很大程度上影响着价值变现，因而，粉丝黏性也是运营获得最大利益的一个保障。

一些运营者认为提高粉丝黏性是那些粉丝基数大的运营者才需要考虑的问题。但实际上，无论粉丝多还是少，运营者都需要将提高粉丝黏性放在粉丝运营工作的首位。

对于运营者来说，聚集粉丝实现转化变现是运营新媒体平台的一个主要目标。提高粉丝黏性的方法有很多，运营者需要首先做好基本的运营工作，再去应用各种方法来留住粉丝。

一、及时回复粉丝消息

运营者应该时刻关注自身平台，及时回复粉丝消息。粉丝想要与运营者沟通，往往会直接发送消息，收到消息后，运营者需要及时回复粉丝的消息。

一些新媒体平台对消息回复有限制，一旦超过一定时间，运营者没有回复粉丝信息，就不能再去回复对方。正因如此，运营者看到粉丝的新消息后，一定要及时回复。这也是一种提高粉丝黏性的方法。

二、开通自动回复或留言功能

如果运营者没有办法时刻关注媒体平台的信息，可以设置自动回复内容，将一些常见问题的答案设置成自动回复，从而为粉丝解疑答难。

媒体平台还可以开通留言功能，这样粉丝就可以在运营者发布的内容后面进行留言。而运营者则可以在后台的留言管理中回复粉丝留言，从而针对文章内容与粉丝展开互动，提高粉丝黏性。

三、多利用数据分析工具

在运营媒体平台过程中，运营者需要多去观察媒体平台自带的数据分析工具，比如微信公众号后台用户分析和图文分析等工具。通过这些工具，运营者可以找到哪些信息是粉丝所喜欢的，哪些信息能够吸引更多粉丝。

找到了这些信息后，运营者在发布内容时，将这些信息巧妙融入其中，这样便能吸引更多粉丝关注。运营者如果能够持续稳定地向粉丝提供有价值、有趣味的内容，就能更好地提高粉丝黏性。

上面提到的三点内容并不能算作提高粉丝黏性的技巧，它们更多是属于新媒体平台运营的基础工作。如果连这些工作都无法做好的话，不要说提高粉丝黏性，就连获得粉丝都是一件难事。

提高粉丝黏性并不只是拥有大量粉丝的运营者所应考虑的问题，这个问题对于每一个运营者来说都是非常重要的。一般来说，除了提高媒体平台的运营能力外，运营者还可以从以下几个方面去提高粉丝黏性，如图 8-4 所示。

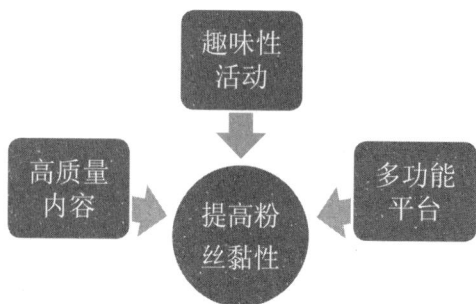

图 8-4　提高粉丝黏性的方法

1.通过高质量内容吸引粉丝

高质量的文章内容不仅能吸引大量粉丝，同时还能增强粉丝黏性，留住现有粉丝。一篇好的文章能够吸引粉丝阅读，从而获得粉丝对平台的持久关注。更为重要的是，在阅读之后，很多粉丝会自觉转发和收藏，扩大文章内容的影响范围。因此，运营者想要提高粉丝黏性，内容质量是一个重要因素。

举一个很简单的例子，网络文学平台之所以能够持续火热，就是因为这些平台能够持续吸引粉丝关注，同时还会源源不断获得粉丝。从根源上来说，就是这些平台拥有高质量的内容，粉丝追着连载小说看，自然不会离开这一平台。

当然，通过文章内容提高粉丝黏性并不容易，这种方法见效时间比较长，难度也很大，但能够留下来的粉丝忠诚度也会很高。想要依靠文章内容提高粉丝黏性，新媒体运营者可以通过一些小的技巧和方法来实现，比如提供干货和热点内容、分批连载文章内容、在文章中加入互动问答，或者是在页眉页脚提醒粉丝转发分享。这些方法都能在一定程度上提高粉丝黏性。

2.通过趣味活动让粉丝留下来

新媒体运营离不开活动营销，想要和粉丝间建立起长期紧密的联系，就要与他们保持互动。在众多互动方式中，组织线上线下活动无疑是最为直接、最为有效的一种做法。可以选择的活动有很多，通过这些活动让粉丝得到一些利益，这样就会激发粉丝继续参与的热情。

常见的互动活动包括积分签到换礼品、互动闯关赢好礼、留言排名送礼物等，发起这些互动活动并不需要太多成本，却能取得不错的效果。如果能够找到某种适合自身媒体平台且能够长期执行下去的互动活动，不仅能够提高粉丝黏性，还可以将普通粉丝转化为忠实粉丝。

3.利用平台功能提高粉丝黏性

一些媒体平台除了具有内容发布功能外，还有一些其他多种功能。巧妙利用这些功能，也可以达到提高粉丝黏性的目的。

以微信公众号平台为例，在微信公众号的高级功能中，运营者可以在其底部设置自定义菜单。在三大菜单下，还可以设置五个小的下拉菜单或二级菜单。算下来，运营者一共可以设置 15 个菜单来供用户选择。

这些菜单既是重要的导流窗口，同时也是运营者提高粉丝黏性的重要工具。有的运营者在菜单中设置了一些便民查询功能，粉丝通过点击菜单条目，就可以迅速实现某些功能的查询。这不仅为粉丝提供了便利，更让平台成为粉丝的工具，由此，粉丝就会对其产生依赖度，这样粉丝黏性自然也就提高了。

内容和活动是增加粉丝黏性的最主要手段。通过活动能够增强运营者与粉丝之间的互动，促进运营者与粉丝的沟通。而优质内容则是平台运营的保障，关乎着平台运营的方方面面。如果能够持续输出优质内容，那即使不采用其他方法，运营者也能够吸引粉丝长期关注。但如果内容质量保证不了，即使采用再多方法，也不容易留住粉丝。

当前新媒体平台运营者之间的竞争，归根结底是内容之间的竞争。谁的内容好，谁的内容有新意，谁就能在竞争中取胜。因此，对于运营者来说，应首先从内容上下功夫，把内容做好，这才是吸引粉丝、提高粉丝黏性的关键。

用户体验为王

　　高流量是新媒体平台的一个显著特点，这也是新媒体平台的运营价值之一。虽然拥有较高的用户流量，但新媒体平台在用户忠诚度和黏性方面都有着明显的不足。如果没有优质内容支撑，新媒体平台就很难吸引用户关注，新媒体运营也很难取得成功。

　　与优质内容一样，用户体验也是影响用户忠诚度和黏性的一个重要因素。运营者除了要不断输出优质内容，还需要准确感知用户想法，了解用户的体验和感受。

　　在新媒体时代，运营者可以通过大数据技术来分析用户需求和偏好，在此基础上，可以有针对性地展开运营工作。通过让用户一起参与体验的方式，来让用户需求得到充分满足，这样用户忠诚度和黏性自然会得到提高，从而成为高忠诚度粉丝。

　　《关于办公室环境下交互计算机系统的人类工效学国际标准》ISO 9241认为"用户体验"就是人们对于正在使用或期望使用的产品、系统或服务的认知印象和回应，也就是用户在使用一个产品或系统之前、使用期间和使用之后的全部感受，包括情感、信仰、喜好、认知印象、生理和心理反应、行为和成就等各个方面。

　　对于新媒体运营者来说，用户体验就是尊重用户的需求，建立以用户为中心的用户运营体系。在新媒体平台运营过程中，拥有了用户也就拥有了运营的基础，做好用户体验，也就搭建起了运营的堡垒。

　　传统媒体的用户运营更多是一种自上而下的运营，运营者更多是以宣传和灌输的方式在做运营。在新媒体行业发展最初,也存在不少这样的运营习惯。

比方说，在设计网站主页时，运营者更多考虑如何在有限的版面上放置更多的内容。他们想向用户传输更多内容。

为此，运营者在网站页面上堆砌了数不清的内容信息，图片视频充斥着页面，各种颜色的字体大小不一。很显然，这种设计方式虽然满足了运营者的需要，但却忽略了用户的实际体验和感受，网页的打开速度不仅大大降低，而且满屏的内容信息也会令人眼花缭乱。

新媒体时代的下半场，是"体验为王，用户至上"的时代，用户体验的好坏直接关系到运营的成败。获得用户并不是运营的结束，而是运营的新开始。

一般来说，新媒体运营中的用户体验主要包括感官体验、交互体验和情感体验三个类别，如图 8-5 所示。

图 8-5　新媒体运营中的用户体验类别

一、感官体验

用户的感官体验与新媒体平台的视觉设计紧密相关。运营者可以通过视觉设计来吸引用户关注，让用户在视觉上感觉受到吸引，从而喜欢并认可运营者的平台，并产生用户黏性。

新媒体运营中与视觉设计相关的内容有很多，大到运营者的品牌标识，小到文字内容间的段落间隔，这些都是视觉设计方面的内容。拥有与众不同的视觉设计，无疑更能吸引用户。

首先一方面，运营者应该给用户一个整体的印象，这之中包括平台 logo、页面设计和视觉呈现等内容。

除了整体印象外，另一方面就是要求在视觉设计上整齐规范。如文字使用上要注意语法、大小、颜色方面的搭配，能用一个词表达的内容，不要使用一句话，能用一句话表达的内容，不要用两句话。能用一种字体颜色，尽量不多用其他颜色。在字体大小上，也要尽量保持整齐规范等。

在页面搭配方面，要确保重点突出，不要让用户自己去寻找重点。运营者应该在平台页面上设置一到两处视觉重点，这样不需要引导，用户就可以自主开始浏览。

二、交互体验

想要让用户拥有较好的交互体验，运营者需要做好交互设计。新媒体运营的交互设计应该关注用户需求，从用户角度出发，充分考虑用户体验。在考虑交互体验时，可以从两个方面出发：一方面是内容交互，另一方面则是活动交互。

在内容交互方面，运营者应该为用户提供更多便利，比如便捷的留言和评论功能。在一些可以自行设计多级菜单的媒体平台上，运营者在设计菜单时应该尽量简洁，在保证内容丰富的同时，不要设置过多的多级菜单。设置过多多级菜单容易为用户设置浏览障碍，运营者应该根据运营需要精简菜单，减少一些不必要的细枝末节的功能。

在活动交互方面，运营者应该多组织一些线上线下活动来提升用户体验。此前，天猫超级粉丝日在线上开展的"明星教粉丝调酒课堂"中，通过明星与粉丝的互动，取得了良好效果，那些完成调酒课程的粉丝还获得了爆款花露水 RIO。通过此次活动，提升了粉丝体验，同时，天猫与粉丝之间的情感联系也更加紧密。

三、情感体验

情感体验是用感性带动心理的体验活动，也是个体受其周围客观环境影响所产生的一种神奇的主观感觉体验。用户情感体验既可以是积极的，也可以是消极的，这取决于运营者如何去调动用户的感情。

首先，运营者需要让用户喜欢上自己的平台。这一点可以通过优质内容来实现，如果运营者能够在内容上吸引用户，用户自然会对平台产生喜欢的情感。

相比于喜欢的情感，让用户在平台中产生归属感显然更为重要。如果说一位运营者拥有 100 个关注用户，这些用户中真正活跃的只有 20%，剩下的 80% 用户都处于围观状态，那么运营者想要提升平台价值，就需要调动起剩下 80% 用户的积极性，让这些用户产生归属感。这个过程正是在提升用户的情感体验。

与归属感一样，认同感也是用户情感体验的重要组成部分。用户认同显然要比用户喜爱的感情层次更深，想要做到这一点并不容易。在一些垂直程度比较高的媒体平台，用户对行业的认识普遍较为深刻，这时如果运营者的内容和产品在设计时，能够表达出用户的心声，就会获得用户的认同，其具体表现可以是点赞、打赏或转发等用户行为。

新媒体运营中用户体验的提高并不是一蹴而就的，运营者可能需要尝试多种不同的方法。在当前新媒体环境中，随着流量红利逐渐消失，获取用户的成本越来越高，提升用户体验已成为新媒体运营者的普遍共识。谁能够留住用户，谁就能在竞争中取胜。也正因此，用户体验的价值才逐渐凸显出来。

第九章　内容定江山

用户要看什么就写什么

大多数新媒体运营者在文案创作时都会产生一种困惑：为什么花了几天几夜打磨出来的内容文案转化率如此之低？即使是做了几年时间新媒体文案的老手，也会发出这样的疑问。

文案转化率低已经成为新媒体内容运营的一个头号难题。究竟是什么原因导致了这些问题的发生呢？

有些运营者认为自己在文字表达方面还不够优美，缺乏必要的文采。这可以算作一个原因。但是仔细想来，用户难道真的是因为广告文案很有文采、很有诗意才去购买的产品吗？实际生活中，应该很少有用户会是这样的。

其实很多运营者写出的文案转化率低，最主要的原因是文案运营者没有从用户的角度出发去写文案。大多数内容运营者在写文案时，考虑的是如何写出一篇华丽的、看上去高大上的文案，却并没有考虑用户的心理需求是什么。

很多新媒体运营者把创作文案当作是一项发散思维的工作，认为这是在写"话题作文"。实际上，文案创作应该属于"命题作文"或"半命题作文"。而其题目的核心就是用户心理需求。如果离开了用户心理需求去创作文案，即使文采再华美，其转化率也会很低。

我们以微信公众号运营为例，从消费者行为学的角度来分析一下大多数用户关注公众号的心理过程。我们可以将其分为几个不同的阶段，如图 9-1 所示。

吸引阶段　　　　兴趣阶段　　　　欲望阶段　　　　关注阶段

图 9-1　用户关注公众号的心理过程

一、吸引阶段

在这一阶段，用户脑海中想的是"这个公众号有没有吸引我的注意力？"用户可以被公众号的名称吸引、被公众号的标志吸引，或是被公众号的排版设计和内容吸引。总的来说，这一阶段的重点集中在"被吸引"上。

二、兴趣阶段

在这一阶段，用户脑海中想的是"这个公众号中的内容是不是我感兴趣的？"比如说，一位对娱乐明星感兴趣的用户，被"娱乐八爪鱼"这个公众号所吸引，其原因不光是被这个公众号名称所吸引，一定也是基于自己对里面的内容很感兴趣这一根本缘故所致。

这一阶段首先是建立在吸引阶段之上的，也就是说在"被吸引"基础上，用户才与自己的兴趣产生了关联，而引发用户兴趣的因素则是公众号的内容。

三、欲望阶段

在这一阶段,用户脑海中想的是"这个公众号的内容是否值得我去关注？"如果说用户发现自己对某个公众号的内容很感兴趣，而且并不需要其他复杂操作，只要关注就会持续获得自己感兴趣的内容，这时，用户便已经进入到欲望阶段。这一阶段用户已经产生了关注的欲望。

四、关注阶段

在这一阶段，用户直接采取了行动，因为他对这个公众号的内容很感兴趣,而且关注之后能够长期获得这些内容,用户的所有心理过程都得到了满足，自然就会采取行动关注公众号。

从上面这些阶段可以看出，新媒体内容文案之所以转化率低，就是因为在内容创作时没有过多考虑用户的心理需求。为什么杜蕾斯总是能够做出许多爆款文案？就是因为他们能够时刻想到用户心里所想，甚至许多用户自己没有感知到的需求，都被杜蕾斯的文案人员给捕捉到了。

在文案创作时，运营者不能从自己的角度出发去思考，而是要从用户的角度去创作，即用户要看什么，运营者就写什么。

虽然每个用户的性格特点各不相同，但其本质需求都是相差不大的。因此，运营者只要能够满足目标用户的共性需求，就能够创作出转化率高的文案内容。

那么，用户究竟喜欢哪些内容，又存在哪些共性的需求呢？

1.用户喜欢新鲜的信息

一位合格的文案创作者，很少会用重复的方式去讲一些老掉牙的内容。他们很清楚，用户喜欢那些新鲜的东西，越是没有接触过的信息或是具有新意的表达方式，越能够吸引用户的注意。

因此，一些反常的文案内容往往能吸引用户关注。较为典型的就是"充电5分钟，通话2小时"。这则文案内容利用时间长短反差，突出了手机产品的快速充电特性。这样的内容不仅会让用户产生惊讶之情，同时还会引发他们的好奇，从而让他们进一步关注文案背后的产品。

除了反常信息外，一些从用户日常观念出发却能带来独特感受的文案内容也能够吸引用户关注。比如农夫山泉的"我们不生产水，我们只是大自然的搬运工"，这段文案并没有反常信息，却能够让用户感受到与众不同的新鲜感，进而引发用户关注。

再有，热点内容往往更容易引发用户关注，这是每个文案人员都应该知道的。大多数文案创作者都会选择蹭一些热点的热度。事实证明，这种方法确实能够提高文案的阅读率和转化率。

2.用户更容易被情绪所带动

人是一个容易产生情绪冲动的生物，喜怒哀乐是人之常情。如果运营者在文案中添加情绪方面的因素，用文案内容来影响用户情绪，也能够实现吸引用户，提高文案转化率的目的。

进行文案创作时，可以选择一些用户关心的、在乎的、害怕的或是好奇的内容。这些内容对于用户来说，具有很大的情感冲击力，同时也能让用户更加认真去思考文案所传递的内容。除了上面提到的那些情绪外，愤怒、遗憾、抱怨等情绪也可以被应用到文案之中。利用这些情绪将用户带入到内容之中，让用户产生共鸣，这种文案就能吸引用户的关注。

"别让孩子输在起跑线上。"就是一个典型的利用情绪吸引用户关注的文案。这种文案容易让父母一辈的用户产生焦虑情绪。正如文案内容所说，如果不参加培训班，孩子可能就会输在起跑线上。文案创作者正是通过父母对子女学业的关爱之心，来影响用户，最终促成用户消费行为的。

3.用户更关注与自己有关的事情

每个人都会关注与自己有关的事情。运营者看似清楚这一点，但在实际文案创作中，却很少会考虑到这一点。用户会关注那些让自己受益的媒体平台，作为运营者，就需要时刻为用户提供有价值的信息内容，尤其是那些与用户生活密切相关的内容。

在大多数新媒体平台上，健身和养生是两个常见话题。用户对它们的讨论很少会受到其他因素的影响，因为这些是与用户自身息息相关的话题。

当然，这并不是说让每个运营者都去在文案创作中加入健身和养生的内容。运营者还是应该立足于自身现有领域。只不过在内容创作上，要更多关注目标用户身边可能发生的事情，或是与目标用户关联密切的事情，这样创作出来的文案内容才能吸引用户关注。

当然，我们所说的"用户要看什么，就写什么"，是要在遵循法律法规、遵守平台规则的前提下进行的。运营者在进行内容创作时，一定要恪守这一底线，不能为了盲目追求阅读量和转化率而发布一些不负责任的文案内容。

此外，抄袭也是新媒体运营者需要避免沾染的"毒品"，真正高质量的内容一定是原创内容。抄袭者虽然能获得一时的关注，但新媒体运营是一个漫长的过程，没有高质量的原创内容支撑，用户早晚会流失殆尽。

好标题才是点睛之笔

新媒体运营的关键在于内容运营，而好的内容需要一个好的标题。好标题可以为内容带来可观的阅读量和流量，大多数热门内容都有一个好的标题。

伴随着新媒体行业的迅速发展，越来越多的新媒体内容出现在公众面前。如果没有一个好的标题，运营者的内容就很难引起用户的注意，更不容易挑起用户的阅读兴趣。这样一来，无论运营者的文章写得多好，点击率也不会高。

标题是文章的招牌，只有招牌做得好，才会吸引读者关注。在信息爆炸式增长的今天，用户在一个平台上停留的时间越来越少。很多时候，用户只是扫一眼文章标题，如果没有自己感兴趣的，就会立刻转移视线。这也就使得一篇文章的标题决定了这篇文章的传播力度。

好的标题能够为运营者带来的流量是巨大的，它能让运营者的文章成百上千倍地传播，并且获得不同平台的推荐，无论是在转发量，还是在曝光率上，都会得到显著提高。

当前，新媒体内容运营者在拟定标题时，有很多不同的方法。应用这些方法创作出来的标题，能够在一定程度上吸引用户关注。在介绍这些方法之前，我们首先了解一下在拟定标题时的几个误区。这些误区是运营者在拟定标题时一定要远离的，如图 9-2 所示。

只概括中心，不引导阅读 ← 文章标题误区 → 只让读者阅读，无法让读者传播

图 9-2 拟定文章标题的几个误区

一、只概括中心，不引导阅读

很多人在给文章起标题的时候，会倾向于将文章里面的内容概括清楚，而不会着力去吸引读者。但在新媒体平台上给文章起标题时则不能这样做。在新媒体平台上，读者是先看到标题，然后才会点击进去阅读文章。如果读者不点击观看文章，那这篇文章就失去了价值，即使写得再好，也没有意义。

新媒体平台上的文章，拟定标题的目的应该是吸引点击，而不是概括文章内容，因此，应该在将文章内容概括清楚的基础上，不断优化标题，来吸引读者点击。举例来说，我们来看下面这组标题。

原标题："不要伤心难过，没有谁是欠你的"

现标题："我爱了他6年，他拉黑了我10次"

很明显，原标题概括了文章的中心思想，但这种标题过于常见，读者并不一定会花费时间去点击观看文章内容。相比之下，现标题更会吸引读者点击进去。当然，在使用这样的标题时，一定要慎重，一定要与内容相关，不能做标题党。

二、只让读者阅读，无法让读者传播

运营者在新媒体平台上发布的内容，想要让更多读者看到，需要诱导读者去主动传播。这一点也能够通过巧妙设置标题来实现。

运营者在拟定标题之时，不仅要让读者点击阅读，同时还要让读者继续去传播文章。想要达到这一点，就要利用标题架设起一个情境，让读者感同身受，进而促使其主动转发。举例来说，我们来看下面两组标题。

原标题："先遇到的人，不一定是对的人"

现标题："有多少人最后嫁给了初恋"

可以看出，原标题同样是上面提到的概括性标题。所表达的是文章的中心思想，对读者的吸引力不足。而现标题能够吸引读者点击并自发传播，因为这种标题引发了一个场景，同时也会引起许多读者的共鸣。正因如此，读者才会主动去传播这些内容。

新媒体运营者要记住：在拟定标题时，首先要避开上述两个误区，在此基础上再使用各种拟定标题的方法起标题，这样才能达到事半功倍的效果。

那么拟定标题的方法都有哪些呢？一般来说，主要有以下几种不同的方法。

1.运用数字

相比于文字符号，读者对数字符号的辨识力更高。而且很多时候，使用数字还会让读者觉得信息较为直观、量化，因此更容易激发读者的阅读兴趣。

典型标题：

"朋友圈流传的10大谣言，千万不要信"

"10个养生小妙招，让你生活更美好"

"一定要远离这5种人，否则后患无穷"

2.标题猎奇

猎奇是人类的天性，能够吊人胃口的标题，就是一个好标题。运营者如果能在标题中加入一些猎奇的内容，恰如其分地抓住读者的好奇心，将会大大提高文章的点击率。

典型标题：

"什么样的女人最受男人欢迎？"

"揭秘90后少年，如何白手起家3年后跨入富豪行列？"

3.制造悬念

运营者可以通过标题制造悬念的方法，来吸引读者点击观看内容。在标题中把话说一半，剩下的内容在文章中揭示，这也是提高文章点击率的一种方法。

典型标题：

"关于支付宝红包，马云这样说"

4.运用对比

在标题中，运用对比的方式表现出两个事物的差异，从而放大描述某一事物的特点，这样也会让读者想要点击标题。

典型标题：

"月薪 5000 与月薪 50000 的文案的区别"

"吃了这款月饼，其它的就都 pass 了"

5.反常识

一件事物违背了人们的常识，一定会激发起人们的好奇心，文章标题也是如此。如果读者看到一个反常识的标题，他很可能会去点击一探究竟。

典型标题：

"做一个不好说话的女人"

6.情感渲染

很长一段时间，轻心灵类的情感标题也很受读者欢迎。这类标题往往能够触动读者情感，帮助读者宣泄自身情绪，满足其心理诉求。

典型标题：

"爱就是一日三餐的陪伴"

"大学帮你带饭的那个人，你们还联系吗？"

7.名人话题

在标题中加入名人内容，更容易吸引读者观看。大多数时候，以名人作为标题的文章，在社交媒体上的转发率都是很高的。

典型标题：

"赵丽颖的美容汤，你喝过吗？"

"孟非告诉你如何找到另一半"

"马云惊人自白：我很后悔"

8.热点标题

将热点事件融入标题之中，是一种较为常见的拟定标题的方法，也是非常受到用户喜爱的一种标题。这种方式是通过用户对热点的关注，来引导用户关注文章内容，以此提高文章的阅读量。

典型标题：

"世界杯最全观赛指南"

"2019 年的情人节，你应该要这么过"

9.内容实用

读者之所以会阅读文章，无外乎两个原因：一是觉得文章有趣，二是觉得文章有用。每天读者都会接触到大量信息，只有那些有用或有趣的信息才能吸引他们的注意。因此，运营者只要总结某个细分领域的知识，发布一些对用户有帮助的内容，就能够吸引用户的关注。

典型标题：

"7 个超实用自拍软件推荐"

"你不知道的 iPhone XS 的 5 大隐藏功能"

10.概览总结

相对来说，盘点类文章可以说是在各个平台都比较受欢迎的。通过盘点类文章，读者可以获得相对较多的信息，在看完之后，还会觉得对特定领域内容有了全面了解。在这种情形下，很容易促成读者转发内容。

典型标题：

"最美的 5 个极光观赏地，绝对不容错过"

"20 个高性价比海岛推荐"

对于新媒体内容运营者来说，没有好标题会失去很多流量。一个好的标题就是文章的门面，门面好了自然会吸引关注。起标题是一件"酒香也怕巷子深"的事情，由于新媒体平台中的信息不断增长，不通过精彩的标题来引人注目，再精彩的内容也可能会被淹没。

当然，上述提到的标题拟定方法并不是全部，还有一些拟定标题的方法需要运营者自己去探索。但要记住，起标题一定要与内容相符，不能做"标题党"，这种方式只可获得一时的点击，对于长久运营必将有害无益。

创意提升内容含金量

创意是新媒体运营必不可少的重要组成部分，其涉及新媒体运营的方方面面。在内容运营方面，高创意度的文案内容会让读者眼前一亮，为运营者带来庞大的关注流量。

创意对于内容运营的成败起着关键作用。没有创意的文案也会被读者关注，但其关注程度远没有创意文案高。从传播和影响范围来看，普通文案和创意文案也是有着极大差异。

当然，想要创作出创意度高的文案并不那么容易。如果说起标题是内容运营中的一个难点，那想创意更是难点中的难点。运营者想要创作出创意度高的文案内容，应该在平时的运营过程中做到以下两点。

一、保持好奇心

好奇心是前进的动力，运营者应该对眼前的内容信息保持质疑的态度，这样可以让自己在接受更多信息的同时进行思考，有利于产生新的创意想法。

在这个过程中，运营者需要多去想一些信息背后隐藏的内容，同时，还要清楚自己想要引导读者往什么方向思考，将这些问题考虑清楚，就能思考出自己的创意。

二、关注他人疑问

运营者除了要自己提出疑问外，还需要关注其他人的疑问。很多时候，在媒体平台上看到的一两个人的问题评论，很可能是千千万万人在背后的发问。这种时候，运营者应该认真观察他人的疑问。这些还未得到解答的疑问，往往就是运营者发挥创意的突破口。

内容运营者的创意思维并不是一朝一夕能够习得的，这与其日常生活中的所见、所闻、所感关联密切。内容运营者应该平时在生活和工作中多积累创意经验，想问题时多从几个角度出发，多借鉴一些他人的经验，这样才能逐渐培养起创意思维，让文案内容的创作更具创意。

此外，多了解一些他人成功的创意文案，也能够为运营者提供一种新的思路。下面来为大家介绍一些成功的文案创意案例。

[案例1] 网易云音乐"红色乐评列车"

这是网易云音乐在 2017 年 3 月推出的营销事件。此次网易云音乐采取的是情感营销，以戳心的文案和清晰的文字内容来呈现。伴随着各大公众号纷纷转载，网易云音乐"红色乐评列车"爆红网络，并引来其他品牌纷纷效仿。

值得关注的是，网易不仅在此次营销活动中采用了情感营销，而且在很长一段时间，都在坚持情感营销。这种成本极低的营销方式，让网易获得了极高的营销收益。可以想象，网易依然会在情感营销这条道路上走下去，并且会形成越来越强烈的品牌风格。

[案例2] 杜蕾斯的"撩人"营销

自从杜蕾斯开通微博之后，其营销文案就成为了各大品牌的效仿重点。杜蕾斯非常擅长借势营销，并且似乎有意将其作为自身的一种营销风格。事实上，这确实已经成为了杜蕾斯的一种风格特征，以至于每逢节庆或热点事件，公众都会纷纷期待看到杜蕾斯的借势文案。

在 2017 年的感恩节这天，杜蕾斯一口气"感谢"了 13 个品牌，在新媒体行业掀起"轩然大波"，创造了一个新的热点，如图 9-3 所示。

杜蕾斯之所以能够将借势营销做到极致，很大程度上是其多年品牌积淀的结果。杜蕾斯源于 88 年的品牌形象积累，而在进入中国市场前，也做过多次推广尝试，其自身带有的娱乐性更为这种借势营销提供了天然土壤。

杜蕾斯的文案人员深知品牌的这些特征，其营销方案就是从这些特征出发的。这种低成本、高转化的创意文案营销，吸引了众多中国品牌拼命效仿。

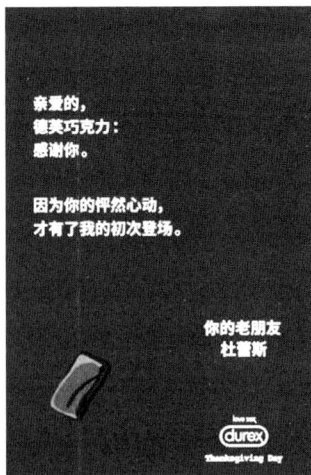

亲爱的，
德芙巧克力：
感谢你。

因为你的怦然心动，
才有了我的初次登场。

你的老朋友
杜蕾斯

durex
Thanksgiving Day

图 9-3　杜蕾斯"撩人"文案

［案例3］故宫的"freestyle"营销

对于老牌传统企业来说，如何利用新媒体让品牌年轻化，成为了一个难题。但近两年，拥有 600 多年历史的故宫却频繁在新媒体平台上刷屏。故宫之所以在一众品牌中脱颖而出，很大程度上受益于它所进行的创意文案营销。

在 2017 年中秋节，一支《朕收到了一条来自你妈妈的微信》H5 爆红网络。快速跳动的文字内容让人激动不已，这款 H5 在吸引用户关注的同时，也让故宫品牌变得越来越年轻化。

在这支 H5 中，故宫给人一种"反差萌"的感觉。自此之后，故宫逐渐完成了品牌新生，而新媒体平台也成为故宫传播内容的一个主要入口。

［案例4］人民日报"我的军装照"

同样是在 2017 年，人民日报也开启了新媒体运营之路。继"总理＠你进群聊"的 H5 疯狂刷屏后，在八一建军节当天，人民日报推出的《快看呐，这是我的军装照》H5 再次火爆网络。

这款 H5 的最终浏览次数为 8.2 亿，独立访客累计达 1.27 亿，一分钟访问人数峰值则高达 41 万，创下了吉尼斯世界纪录。

在"军装照"创意火爆之后，"小学生照""民族照""准考证照"等各种

H5 层出不穷。值得一提的是，在"军装照" H5 中，人民日报引进了毫无 PS 痕迹的"换脸技术"，这一技术的使用也吸引了不少用户的参与。

　　可以想象，在未来的新媒体内容营销中，新技术应用将会成为文案创意的一个重要组成部分。

"蹭热点"蹭出10万+

　　自从信息技术的发展引发信息洪流之后，受众能够接触到的信息越来越多，但真正能够引发受众关注的信息却并没有多少。

　　新媒体运营者在内容运营中最常遇见的问题就是，受众注意力过于分散而忽略了运营者的内容。迈克尔·戈德海伯在《注意力购买者》一书中说道："现在金钱开始与注意力一起流动。更通俗地讲，在经济转型之际，原有的财富将更自然地流向新经济的持有者。"

　　这段话很好理解，作为产品生产者，谁能吸引消费者的注意力，谁就能获得更多订单。而对于新媒体运营者来说，谁的文章内容能够吸引受众的注意力，谁就能获得更高关注，获得更多价值回报。

　　在当前的新媒体市场环境中，信息量大大过剩，而受众的注意力资源却十分有限。这也使得人们总是优先去关注那些热点新闻，总是被热点话题调动情绪，带走注意力。正是因此，"蹭热点"才逐渐成为新媒体内容运营中的一个新的创作手法。

　　热点话题的关注度很高，还会吸引很多人参与。在短期内，大多数人的注意力都会被一两个热点话题所吸引，而此前的话题则会被热点话题所替代。对于新媒体运营者来说，抓住热点话题进行内容创作是十分重要的。很多时候，这一点关乎着内容运营的成败。

　　下面我们就来详细介绍一下新媒体内容运营中的"热点"问题。

一、什么是热点

　　什么是热点？如果突然被问到这个问题，相信不少内容运营者都会一时不知怎么回答。一般来说，热点可以分为两种：一种是可以预见的热点，比如一些重大活动或是节日；另一种是不可以预见的热点，比如一些突发事件。对于内容运营者来说，这两种热点都比较好理解，有难度的地方在于如何去"蹭热点"。

二、如何去"蹭热点"

在"蹭热点"方面，常使用的方式主要有两种：一种是将热点内容放在文章中，一种是在图片海报中加入热点内容。随着新媒体行业不断发展，"蹭热点"的方式也会越来越多，比如在视频广告中加入热点内容，通过 H5 策划热点事件等。但从实用性和效率方面考虑，还是文字内容和图片海报这两种方式应用的最多。

在"蹭热点"时，有一些热点内容是一定不能碰的，这方面内容运营者需要十分谨慎。

首先，负面的热点不能碰。不可否认，负面事件也能成为热点。但如果将负面事件与自身内容运营结合起来，不仅不会起到借势营销的应有效果，还会对自身品牌造成负面影响，这对于运营者来说是得不偿失的。

"蹭热点"的佼佼者杜蕾斯方面的新媒体负责人就曾明确表示，杜蕾斯在微博内容营销上，不会去做任何关于负面内容的营销。这是十分正确的选择，怪不得人家会成为"蹭热点"的佼佼者。

其次，有争议的热点不能碰。这一点很好理解。如果热点事件发生之后，事件并没有结果，或者并没有定性，那这个热点就最好不要碰。对于运营者来说，这类有争议的热点就像是一个废弃炸弹，可能永远不会爆炸，但也可能随时发生爆炸。

有争议的热点事件往往很容易出现反转，如果运营者在反转之前就坚定了立场，结果可能会非常尴尬。如果到时真被事实打脸，那无疑会影响到运营者的品牌声誉。

最后，天灾人祸的热点不能碰。这一点更好理解，不需要详细说明。但有一点，一些声援、支持的内容，还是可以跟随热点一起发布的。另外，运营者应把重点放在陈述事实上，而不要加入过多个人情感。

三、"蹭热点"误区

除了上面提到的这些热点事件不能碰外，还有一些"蹭热点"的误区需要内容运营者小心躲避，如图 9-4 所示。

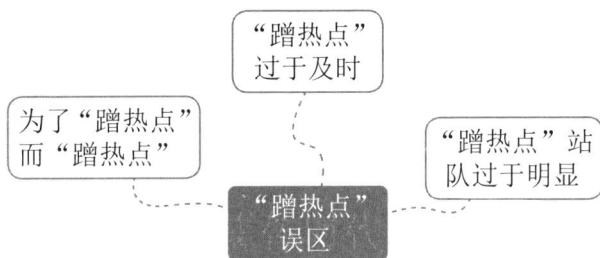

"蹭热点"
过于及时

为了"蹭热点"
而"蹭热点"

"蹭热点"站
队过于明显

"蹭热点"
误区

图 9-4 "蹭热点"误区

第一，为了"蹭热点"而"蹭热点"。

这是最为常见的"蹭热点"误区。大多数企业新媒体运营者会被经营者要求追一下当前的热点事件，但实际上，当前的热点事件并不适合植入到企业自身的品牌营销之中。

为了"蹭热点"而"蹭热点"的行为，不仅对品牌营销宣传毫无用处，还会影响到新媒体运营者的工作积极性。

第二，"蹭热点"过于及时。

很多人都认为"蹭热点"一定要越早越好。一般认为热点发生的 1 小时内是黄金时期，而 12 到 24 小时之间则是废铁期。

不可否认，"蹭热点"及时没有错，如果不及时，等热点"凉"了再蹭也就没有什么价值了。在 1 到 6 小时内，用户对热点事件具有最大兴趣，愿意接受不同观点。而到了 12 到 24 小时之间，因为接收到了大量关于热点的信息，用户对于热点事件的兴趣就会逐渐失去。所以说及时追热点是很有价值的。

但在这里，运营者需要注意的是，热点很多时候会因为信息不全而出现乌龙，为了能够准确"蹭热点"，运营者不能太过着急，一定要确保全面精准掌握热点信息后，再去"蹭热点"。

第三，"蹭热点"时站队过于明显。

一些运营者在信息并不全面的情况下，就开始对热点事件大加议论，引导舆论走向。而当信息充分揭露后，事件出现反转，却因此前站队过于明显，让自己陷入难堪的境地。一些运营者更是在事件发展过程中，发布一些前后观点相左的内容，让自己的威信荡然无存。

上述这些"蹭热点"误区是内容运营者需要认真对待的。可见，"蹭热点"时，一定要从自身品牌营销角度出发，且应全面详尽了解热点始末，切忌过于急切。

四、如何"蹭热点"

内容运营者在避开"蹭热点"误区之后，还需要掌握一些"蹭热点"的具体方法。其实，"蹭热点"并没有约定俗成的固定方法，更多还是得结合自身品牌特征来进行。一般来说"蹭热点"的方法主要有以下几种。

第一，"蹭热点"要持续进行，创意为先。

这种方法的最好践行者是杜蕾斯。作为"蹭热点"的高手，杜蕾斯始终与热点相伴，并且每次"蹭热点"的文案都会让用户眼前一亮。以至于每次热点事件发生后，用户都会期待看到杜蕾斯的借势文案。

第二，"蹭热点"可以，但不要太动情。

一些运营者并不是在"蹭热点"，而是在解读热点，他们立场鲜明却经常会被打脸。因此，对于一些热点事件，尤其是信息不全面的热点事件，运营者一定不要有太过明显的倾向，以防出现打脸的情况。

第三，"蹭热点"要与自身品牌相结合。

这是最为基础的一点，如果不能与自身品牌结合，这样的热点不蹭也罢。

从当前新媒体行业的爆款文章来看，大多数都是通过"蹭热点"的方式取得的。对于运营者来说，"蹭热点"并不是运营成功的保障，但却是一种必不可少的运营手段。在"蹭热点"过程中，一定要从整体运营角度出发，不能为了"蹭热点"而去"蹭热点"。

如何系统做好内容运营

在新媒体运营的矩阵中，内容运营与用户运营、活动运营一样，对新媒体运营的成败起着决定性作用。随着新媒体行业不断发展，新媒体运营中的运营工作划分得越来越细。但无论在何种情况下，内容运营都始终占据着重要地位。

"内容为王"是当前新媒体运营的现状，谁能够创作出符合用户需求的内容，谁就能长久地发展下去。内容运营更多是一种运营策略，是针对产品的内容进行内容策划、内容创意、内容编辑、内容发布、内容优化等一系列与内容相关的工作过程。

一般来说，一个完整的内容运营流程主要包括明确内容定位、确定内容来源、筛选内容资料、加工内容、分发内容、数据分析等内容。

这是细分的内容运营流程，在具体执行时，内容运营者可以从内容定位、平台选择和运营策划三个层面开展工作，新媒体内容运营的流程如图 9-5 所示。

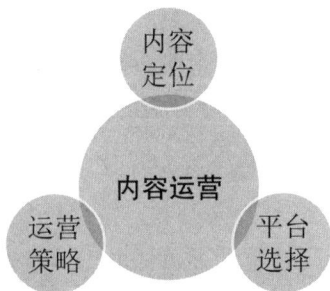

图 9-5　新媒体内容运营的流程

一、内容定位

在内容定位中，运营者需要关注两个方面的内容：一是要确定内容的风格，二是要确定内容的表现形式。

在内容风格上，可以是热点性内容，也可以是持续性内容，还可以是其他风格的内容。对于企业新媒体运营者来说，更多选择的是持续性内容，当然也会发布一些热点性内容。而个人新媒体运营者的选择会更多一些。在选择内容类型和风格时，运营者一定要选择自己擅长的，而不要盲目跟风选择。

在内容的表现形式上，可供运营者选择的方面也有很多。从大的分类上有音频、视频、图片和文字等几种表现形式，除此之外还有一些新近出现的APP、H5、直播、短视频等。

在内容形式选择上，运营者同样要选择自己擅长的表现形式，同时还要结合运营的战略目的来选择。一般来说，大多数运营者会专一以一种或两种形式去呈现内容，但随着新媒体平台越来越多，运营者的选择也开始逐渐多样化起来。

二、平台选择

在确定内容定位之后，就要进行推广平台的选择。一般来说常见的新媒体内容运营平台主要有微信、微博、百度贴吧、抖音、百家号、大鱼号等新媒体平台。

运营者要从内容出发来选择平台。如果是视频内容，自然要选择视频平台。如果是文字内容，自然要选择文字平台。在选择平台时，大多数运营者并不会局限在单一媒体平台上，这也是当前新媒体运营的一个重要趋势。多平台运营存在很多优势。当然，想要多平台运营，一定要有足够的能力才行。

三、运营策略

运营策略应该是整个内容运营的核心所在。运营策略可以分为策划、实施和分析三个阶段。

在内容运营策划阶段,运营者应该明确内容运营的目的以及品牌和内容之间的关系,让内容创作和整体品牌战略相匹配,以便最大化地实现品牌传播的效果。在这一阶段,运营者需要考虑的是运营背景、目标受众、运营目标和内容策略等问题。

在内容运营实施阶段,运营者需要做好创作、投放和传播三方面的工作。

创作主要是从用户角度出发去创作相应内容,在应用品牌战略的同时,解决用户遇到的问题。如果是企业品牌运营,在内容创作时一定要凸显出品牌或产品能给用户带来哪些利益,然后用简洁的话语将其表达出来。

投放则是通过媒体平台将内容分发给用户,凭借内容来吸引用户,让更多用户聚集到企业自身新媒体平台上来。

传播则是通过各种策略去吸引用户获取内容,刺激用户主动去分享内容,从而扩大内容的影响力。内容的质量在很大程度上决定着传播的效果。此外,合理的策略也能提高传播的广度和深度。

在内容运营效果分析阶段,主要是运营者通过不同的媒体平台分析相关数据,如阅读量、转发量和点赞数等。从这些数据中可以分析出内容运营的整体效果,并发现运营过程中的问题和有待改进的地方,同时积累一些成功的经验。

内容分析是必不可少的,无论是对当次内容传播,还是对下次内容传播,都有很多积极意义。为此,运营者应该充分重视内容传播后的效果分析,争取在新的内容运营周期中取得更好的运营效果。

内容运营者的能力对内容运营成败有着重要影响,运营者应不断学习,提高自己的内容运营能力。只有这样才能让自己的内容创作水平不断提高,让内容运营效果更加显著。当然,内容运营作为新媒体运营的一个重要组成部分,其成功与否也与其他运营环节有着密切关系,运营者要将新媒体运营当作一个整体来对待。

第十章　新媒体未来演变趋势

大数据成新媒体运营杀招

　　近年来，新媒体行业发展似乎陷入到瓶颈期，越来越多的人开始抱怨新媒体平台阅读数下滑，粉丝活跃度也在逐渐下降。从很多媒体及权威机构的报道中也可以看出，新媒体平台的总阅读数正在呈现出平缓下滑趋势，完全失去了以前的风光。

　　相比于传统媒体，新媒体的门槛要低很多。凭借着高覆盖、强互动等特性，越来越多企业将其作为宣传推广和盈利变现的重要手段。随着新媒体市场逐渐饱和，红利消失，缺乏差异化的新媒体平台越来越难以运营。

　　继续按照传统的运营方式去管理新媒体平台，很难再获得阅读量和粉丝量的提升。为了更好地利用新媒体这一传播工具，越来越多的企业开始将大数据技术应用到新媒体运营之中。

　　具体来说，用户在媒体平台上的行为会被平台记录，这就使得新媒体平台上存储了丰富的用户数据。企业可以通过新媒体平台上的用户属性数据和用户行为数据，来绘制完整的用户画像。

　　通过用户画像，企业可以精准定位用户。根据自身产品和服务的特点，匹配特定媒体账号，针对特定场景的粉丝制定运营策略。以一篇微信公众号文章为例，从选题到排版，从语气到用词，甚至什么时间推送文章能够获得更多阅读量，都可以通过数据测算出来。企业正是通过数据测算，来调整自己的运营方向和运营策略的。

　　原解放日报报业集团社长尹明华曾指出："新媒体的本质就是大数据分析。我们已经从信息时代走到了数字时代和智能时代，如果数据被赋予背景，它就成了信息。如果数据能够提炼出规律，它就是知识。如果数据能够借助于各种各样的工具在分析的基础上为我们提供正确的策略，它就是资源。"

大数据技术对新媒体发展的影响主要体现在以下几个方面。

一、提升新媒体用户体验

在大数据时代，用户可以在各种媒体端、平台端自由发表意见和信息。每个人都能够成为信息传播的中心，这使得信息传播去中心化趋势越发明显。

二、突出新媒体用户个性

大数据技术能够记录用户留下的各种活动痕迹，进而分析出每个用户的兴趣和爱好，并根据用户的偏好，为他们推荐各自合适的社群。这样不仅将受众连接在了一起，同时还凸显了用户的个性。

三、提供新媒体技术基础

大数据不仅是新媒体的重要资源，也是了解受众的重要依据。通过大数据技术，新媒体平台运营者可以对受众心理需求、行为习惯进行分析，为受众提供更多更好的个性化媒体服务。

在具体应用方面，大数据技术在新媒体行业的应用十分广泛。下面以用户数据指标分析、阅读量与发文情况数据指标分析及文章内容活跃度数据指标分析为例，进行简单介绍，用户数据指标分析如图 10-1 及图 10-2 所示。

（1）用户数据指标分析。用户数据指标可以分为用户属性数据和用户行

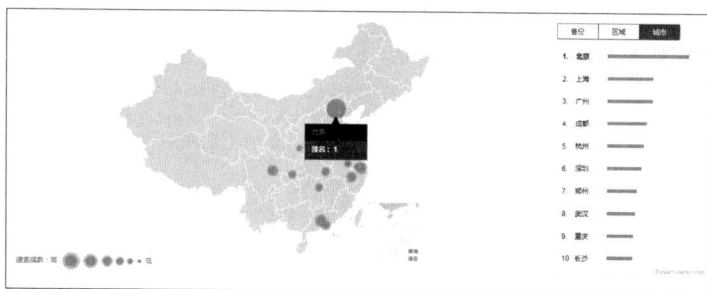

图 10-1 搜索指数分析

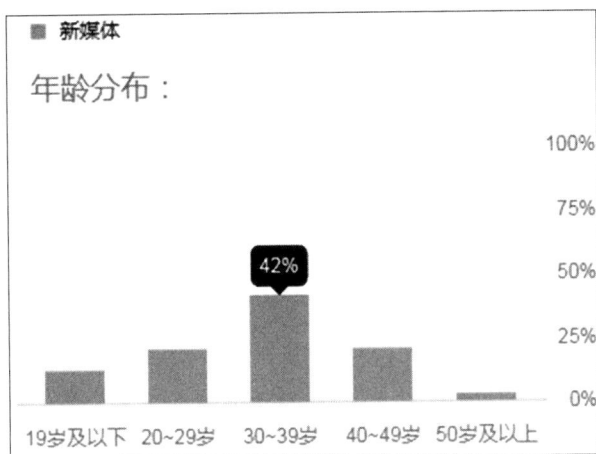

图 10-2　用户年龄、性别数据分析

为数据。用户属性数据主要包括性别、年龄、职业、地域等内容，而用户行为数据则包括阅读习惯、信息获取习惯、点赞行为、分享行为等内容。

上述数据信息反映的是关注"新媒体"这一关键词的用户地域、年龄和性格分布。

从上面数据可以看出，在关注"新媒体"的用户中，北京地区的用户搜索指数是最高的，排在全国所有城市的第一位，上海其次，排列在第二位，随后是广州、成都、杭州、深圳等城市。

在用户年龄分布上，30~39 岁的用户是最多的，达到了 42%。相比之下，50 岁以上的用户则是最少的。而在性别分布方面，关注"新媒体"的用户中，女性要多于男性，两性双方人数相差不大，女性占比 54%，男性占比 46%。

从上面的数据内容分析，我们就能得出精准的用户画像，通过用户画像进行精准传播，就能够在很大程度上提高信息传播的效果。

（2）阅读量与发文情况数据指标分析。阅读量主要是指文章被用户打开阅读的次数，而发文情况则包括发文次数、发文时段等内容。

图 10-3　人民日报微信公众号的阅读量和发文情况数据

图 10-3 所示为人民日报微信公众号的阅读量及发文情况数据指标。从上述数据指标可以看出：人民日报在近 30 天的每次平均发文篇数为 2.2 篇，发文时段并不集中，在早上 6 点到 10 点期间发文的次数最多，为 84 次；晚间 22 点到 2 点期间的发文次数最少，为 20 次。

从阅读量上来看，在近 30 天，无论是头条文章，还是非头条文章，其阅读量都能够达到 10 万以上。

利用大数据，还可以进一步分析文章阅读量和发文时间之间的数据联系，进而通过周期性的数据观察不断对发文时间进行调整。通过数据找到规律，在阅读峰值点推送文章，就能够达到最好的传播效果。

（3）文章内容活跃度数据指标分析。在阅读量和发文情况分析之外，还可以利用大数据对文章内容活跃度进行分析。其对象主要包括点赞率、评论率、收藏率、转发率和打开率等内容。头条号点赞数据分析如图 10-4 所示。

所谓打开率就是粉丝的阅读人数与总阅读人数的比值，打开率越高粉丝活跃性越好。点赞率则是点赞数与阅读数的比值，这是文章质量的第一反应指标。评论率则是评论数和阅读数的比值，评论率更能反映出文章的话题性。收藏率是收藏数与阅读数的比值，收藏数所反映的是文章对用户的价值，价值越高，收藏率也会越高。

新媒体运营所涉及的数据信息，都可以通过大数据分析来获得。在获得信息的基础上，整合分析不同数据信息之间的关联，根据数据分析结果及时调整运营策略，能在很大程度上提高运营效果。

在大数据时代，新媒体平台及其内容是以数据为基础的，大数据的持续发展将会深刻影响新媒体的发展。只有不断挖掘大数据技术的价值，才能更好地促进新媒体的健康发展。这一点无论是对于整个国家，还是每个新媒体从业者来说，都是至关重要的。

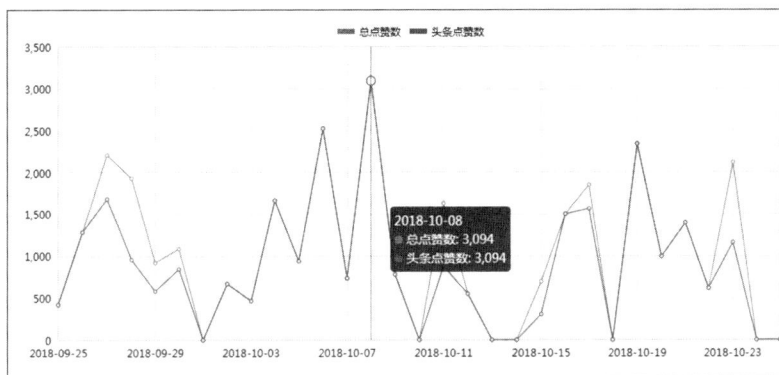

图 10-4　头条点赞数据分析

垂直化精细运营更创造价值

　　在新媒体运营中，垂直化运营越来越成为主流。早前些年，社会上流行"深耕"这个改变——学习要"深耕"，工作要"深耕"，到现在，新媒体也需要"深耕"。

　　"深耕"这个词其实很好理解，只要在一个领域中挖得够深，那你就可能会成为这个领域的专家。在新媒体行业中，如果你对一个领域挖掘得够深，那你便会在这个领域中拥有自己的发言权，在此基础上，你就会因此获得丰厚利益。

　　新媒体行业中的"深耕"，换一种说法就是垂直化精细运营。那些专注于同一领域，创作原创文章的运营者会越来越受到用户喜欢。在价值变现方面，垂直化精细运营所能创造的商业价值也更高。

　　新媒体运营的垂直领域从内容特点上，可以分为三个大的方面。这三个方面中的每一个具体领域，都可以精细化地做下去，如图10-5所示。

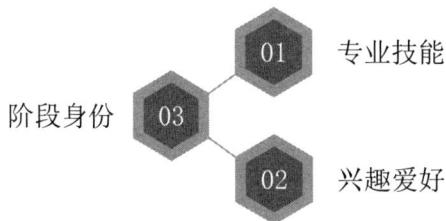

图10-5　新媒体运营的垂直领域分类

一、专业技能

　　专业技能类垂直领域包括开发、设计、制造、金融、理财、语言等多个内容。

这些垂直领域的内容往往能够让用户学到专业知识和技能，为用户的职业发展提供助力。

二、阶段身份

阶段身份类垂直领域包括结婚、保险、装修、高考、考研、股票等内容。用户在还没有取得这些阶段身份之前，对这些领域的内容并不了解，也并不会太感兴趣。但当用户一旦进入这些阶段身份时，他们对于这些垂直领域的内容需求就会大幅增强。

三、兴趣爱好

兴趣爱好类垂直领域包括美妆、军事、游戏、音乐、动漫、健身等内容。相比于专业技能和阶段身份类垂直领域的内容，兴趣爱好类的内容适用范围更广，只要用户对该领域内容保持兴趣，就会持续获得用户关注。

垂直领域内容解决的是用户的专业知识需求、兴趣需求和消费升级需求，其用户具有一些共性的标签。垂直领域内容之所以能够越来越受到用户喜爱，主要是因为互联网及移动互联网的普及。

一方面，最初的用户主要通过主流媒体渠道获取信息，而现在，用户可以通过任何一款软件来获得很多不一样的信息，这也催生了很多垂直领域内容。

另一方面，垂直领域的内容也从最初的图文为主，渐渐开始向短视频、直播等新的互动内容转变。内容形式的丰富让越来越多用户习惯于接受那些推送而来的内容。

垂直领域的新媒体运营越来越成为当前主流运营方式，用户对内容的自主选择权大大提升，这也为垂直领域的内容发展提供了重要动力。垂直类新媒体讲求精细化运营，主要针对特定人群的特定需求，这也使得其所获得的用户黏性比较大。

早期垂直类媒体内容主要集中在金融和科技领域，这是因为金融领域对内容质量要求很高，而科技领域与互联网联系密切，对高技术信息较为敏感。

而当前垂直类媒体内容则较为多样，且每一个细分领域都拥有不少用户关注，这也让垂直化精细运营成为当前新媒体运营的主要发展方向。

想要做好垂直化精细运营，需要做好很多方面的工作。在众多细化工作中，内容创作是决定运营成败的关键。想要在垂直领域中脱颖而出，就必须在内容创作上下足功夫。想要让内容更好地获得传播，一般可以尝试以下几种方法。

1.绘制精准"用户画像"

在做垂直领域内容之前，首先要确定好内容定位，也就是我们要做哪个领域的内容。在此之外，同样重要的就是精准确定"用户画像"，找到用户的需求点，据此来进行内容创作。

一般来说，我们在考虑"用户画像"的时候，需要考虑到"我们的目标用户是谁？""他们的主要需求是什么？""什么样的内容能让他们分享给别人？"等问题。我们可以通过历史数据分析、用户访问、调查问卷等方式，来获得这些问题的答案。只有在尽可能搞清楚这些问题后，才能继续开展下一步行动。

2.以用户痛点确定内容形式

确定与"用户画像"相关的问题后，就需要根据"用户画像"来创作相应内容。在这里，运营者可以通过横向和纵向对比的方式，来寻找到用户真正感兴趣的内容方向，然后再确定自己的内容风格和形式。

横向对比就是和同一领域中的其他运营者内容进行对比。在横向对比过程中，应该选择比自己优秀的运营者，了解一下他所创作的内容形式和风格，对优秀的地方加以借鉴。一般来说，每一个垂直领域运营者都应该对同一领域的优秀运营者进行分析，了解他们的内容、风格和优劣势，做到知己知彼，百战百胜。

纵向对比的主要对象是运营者本身创作的内容。在创作新内容时，运营者应该对自己此前的发文内容和历史数据进行分析，找到那些比较受欢迎的优秀内容，简单来说就是了解用户喜欢自己的哪些内容。

3.反复进行内容测试

做垂直领域运营并不是说运营者只能局限在固有领域之中，而是应该立足于现有领域，不断对内容进行优化。在这个过程中，运营者应该尝试使用有节奏、有规律的内容测试，来测试用户对不同内容的接受程度。

只有在内容测试基础上进行的内容优化和调整，才会有较高的成功率，否则，新增内容无疑会成为一种碰运气的行为。

在整个内容测试过程中，运营者应该时刻关注阅读量和转发量等数据的变化，及时记录，总结出一定的规律。在成功测试之后，运营者便可以循序渐进地增添新的内容。这样不仅会让内容更加丰富，也会吸引更多用户的关注。

4.内容创作是基本功和硬实力

很多时候，我们讲内容创作有一定的方法和技巧，这一点没错。但有经验的运营者会发现，方法和技巧如果不建立在内容创作的基本功上，就很难发挥真正效果。运营者想要获得阅读量和转发量的提高，必须要能够持续不断地输出优质内容才行。这种时候，仅靠技巧和方法是不行的，关键还要靠运营者在垂直领域的知识积累。

想要真正做好垂直化精细运营，内容创作是重中之重。其就像是地基一样，打得越深，就越稳固。一些半路出家的运营者之所以能够做好垂直领域的运营，很多时候是因为他们在垂直领域摸爬滚打多年，积累了丰富的专业知识和经验，这样在内容创作时，一方面有丰富的内容材料，另一方面也会更懂得同行业工作者的心理动态，进而创作出更容易被垂直领域用户所接受的内容。

垂直化精细运营正逐渐成为最为主流的新媒体运营方式，大多数运营者最终都会走上专业化运营的道路之上。谁的准备工作做得好、做得早，谁就可能在新的潮流之中走在前面。

新媒体语境下的数据可视化

对于不懂得彼此语言文字的人，可以通过手势动作来理解对方的意思。对于不知道如何沟通交流的人，可以通过绘画来沟通彼此的思想。而对于不具备读写能力的人，可以通过图表来了解世界的变化。这就是数据可视化的前身。

在新媒体时代，数据可视化依然在不断发展和完善。数据可视化的优化不仅是为了让页面更加精美、漂亮，而且是要让它更加符合人类大脑的运作方式。相比于对文字内容的识别，人类对于图形、图片的理解力要更为深刻。

可视化从本质上来说，是用人眼的感知能力来增强人脑的认知能力。从90年代科学家对科学领域的可视化，到此后情报分析领域的可视化，数据可视化经过一系列发展和完善，最终成为了现代可视化数据。

在新媒体运营中，可视化数据的表现力要远超过文字和图片的表现力。近几年有一种很有趣的现象，那就是主流发布会或演讲上运用的PPT中，文字内容不断减少，可视化数据内容逐渐增多。这就是可视化数据发展和应用的重要标志。

新媒体运营中的数据大多会被用来分析，无论是用户数据，还是内容分发数据，都是新媒体运营重要的数据分析资料。但可视化数据的作用并不在于分析，而更多在于展示与说明。正如前面所说，可视化数据的表现力要远超过文字和图片内容。

早在1858年，护理事业的创始人弗洛伦斯·南丁格尔以数据图表的方式，为英国政府绘制了用于展示克里米亚半岛战争中的可预防疾病所导致的死亡人数。其目的并不是分析战争与疾病暴发的关系，而是想要向英国政府展现出战时医疗问题的严重程度。

此外，南丁格尔还发明了南丁格尔玫瑰图，这种圆形的直方图主要用来表达军医院季节性的死亡率。南丁格尔以一种色彩缤纷的图表形式，让数据给人留下了深刻印象，即使是那些并不太理解统计报表的公务人员，也直观地看到了玫瑰图中的数据内容。

因此，数据意义并不仅仅在于分析，同时也可以用来展示和说明。可视化数据在新媒体运营中的主要作用就是展示和说明。相比于长篇大论的文字，用户更喜欢看到底板上直观形象的数据图表。

数据可视化和数据分析都是数据可视化技术的重要组成部分，在新媒体运营中需要综合在一起应用。数据分析主要支撑运营框架，数据可视化则可以装点运营门面。运营者只有将数据分析做到位，数据可视化的内容才会有价值。

此外，想要真正利用数据可视化来吸引用户，除了要做好图形、工具和配色方面的工作，还需要加入自己的创意和灵感。一般来说，常见的数据可视化图形有以下几种类别。

一、散点图

这种图形主要用来表征两个数值型变量，每个点的位置都映射着两个变量的值。

二、气泡图

这种图形是在散点图的基础上衍生而来的。在散点图上增加一个维度，然后将各个点的面积映射到一个新的标量，这样在表示点的位置时，还能通过大小来表示数据特征。

三、雷达图

这种图形在表示游戏人物能力值时较为常见，不同于柱状图只包括一个分类型变量不同类别间的比较，雷达图可以进行多个观测数据的纵向比较。

四、地球图

一般来说，地图都是二维的，而地球图更多是三维的。地球图往往具有一定的交互性，可以通过鼠标来进行地球的旋转和缩放。一般来说，当需要展示的数据覆盖全球范围时，常常会用到地球图。

五、词云图

词云图主要是对词汇频数进行可视化分析，如果一个词越大，那说明这个词出现的次数就越多，如图 10-6 所示。

图 10-6 词云图

除了上述提到的数据可视化图形外，还有诸如折线图、直方图、柱状图、马赛克图、南丁格尔玫瑰图、圆环图等其他用途的图形。

新媒体运营者在应用数据可视化操作时，往往不会孤立地使用一个基本图形，他们会将多个图形组合在一起，这样能够交叉对比出更多的信息。

想要制作出优秀的可视化图表，需要使用一些专业的可视化数据平台工具。下面介绍一些常见的可视化数据平台工具。

（1）Highcharts。这是一个通过 JavaScript 编写的图表库，拥有丰富的图表类型。无论是折线图、柱形图、饼状图、散点图，还是雷达图、热力图、仪表盘图，都可以通过这一工具制作出来。

更为主要的是，Highcharts 对于个人网站、学校网站和非营利机构免费，只要是非商用用途，便可以不经过授权直接使用软件。由于完全基于 HTML5 技术设计，Highcharts 不需要安装任何插件，也不需要配置 PHP 和 Java 等运行环境。

（2）Echarts。Echarts 的文件体积很小，可以灵活打包，这对于需要将图表组合在一起的运营者来说是十分方便的。在绘制地图类可视化图表方面，Echarts 的效果非常令人惊艳。

（3）FineReport。相比于前两款图表工具，FineReport 的可视化效果并不那么酷炫。但在操作上，FineReport 非常简单，这对于不懂得代码语言的新手运营者来说是十分有利。

FineReport 采用类似于 Excel 的编辑器，运营者只需要简单进行拖拽操作，就可以将数据列绑定到对应单元格，经过简单设置后，就能够在网页端查看到数据展示页面。FineReport 基本可以制作大多数类型的日常数据分析报表。

科学技术迅猛发展，新媒体运营也在随之发展和完善。对于大多数运营者来说，掌握前沿技术动态，能够帮助运营者有效开展新媒体运营工作。在当前时代，大数据技术在新媒体行业中占据着举足轻重的地位，新媒体运营中所涉及的各项工作，将来都会与大数据接轨。为此，运营者应该对大数据技术给予足够的重视。

引流能力决定新媒体未来

近年来，新媒体行业发展越来越趋于成熟，很多企业开始通过新媒体来获取更多高效资源流量，进而推动企业运营发展。

从当前新媒体市场形势来看，无论是免费资源，还是付费资源，都已经形成了很多成熟模式。企业可以根据自身需求来选择适合自己的推广媒介，既可以利用免费的优化资源，也可以使用人工优化进行排名，同时还能选择付费资源通过直接投入竞价排名。

对于企业来说，想要快速获得流量，付费方式是一种不错的选择。如果想要较低投入获得流量，那人工优化是不错的选择。

新媒体运营在企业营销推广过程中发挥了重要作用。在新媒体运营的众多功能中，引流无疑是企业最为看重的一点。

"得流量者得天下"，这是从互联网时代传承而来的铁律。在互联网行业大爆发时期，用户流量也呈现出持续喷涌的状态。但在当今新媒体时代中，流量竞争越来越激烈，流量获取难度越来越大。面对如此激烈的流量争夺，谁的引流能力更强，谁就能在新的竞争中生存下来。这是当前新媒体行业的趋势，也是未来新媒体行业发展的归途。

从新媒体运营角度来看，流量主要来源于用户阅读和点击。为了更多获得用户点击，运营者需要通过各种方式吸引用户。一般来说，运营者可以通过内容、话题和推广等方面来引导流量。

一、内容引流

作为一种高效引流方式，内容质量的重要性不言而喻。内容质量引流可以分为两个方面，一是标题，二是正文内容。

一般情况下，用户在网页中浏览文章，最先是看不到内容的。用户最先接触到的是标题，如果标题的内容能够吸引用户，那他才会继续看下去。因此，标题有特色，用户才会去点击，从而产生流量。

在点击进去查看内容时，如果用户觉得运营者提供的内容是对自己有帮助的，那他可能就会进行评论或关注。同时，还有可能会将内容分享给其他人。这样运营者的内容就会形成二次传播，如果依然被用户接受，还会继续对外传播。

正因如此，运营者在创作内容时，应该注意保证内容的质量，这是引流的关键。对于提高内容质量的方法，我们在前面已经讲到过很多，这里就不再赘述。

二、话题引流

用户对于热点话题是非常关注的，即使这些热点话题与他们之间的关联并不大，但有热点的地方就会有流量。既然有热点的地方就会有流量，那运营者就可以通过"蹭热点"的方式，来将流量吸引到自己这边。根据热点话题创作内容，正是一种高效的引流方式。

相比于普通内容文章，热点内容文章更容易被点击、被关注，阅读量和评论量也都会比较高。如果运营者将自身内容和热点话题结合得好，还会将大量用户留存下来，这样就会为运营者带来大量用户关注和价值收益。

当然，在另一方面，如果运营者单纯依靠"蹭热点"的方式，而不在内容上多下功夫，很容易让流量来而又走，最终无法实现任何商业价值。因此，依靠话题引流还需要建立在内容引流的基础之上，这样才能更好地达到引流效果。

三、推广引流

推广也是一种重要的引流方式。其最主要的一点在于让更多人了解运营者，无论是人工优化推广，还是付费推广，其目的都是为了扩大自身的影响力。

相对来说，选择付费推广的方式效果会更好。

从当前的新媒体大环境来看，上述运营者可选择的引流方式需要综合运用，很少有运营者会选择单一的引流方式。对于运营者来说，除了应用这些引流方式之外，还需要选好相应的引流平台。一般来说，常见的引流平台有以下几种，如图 10-7 所示。

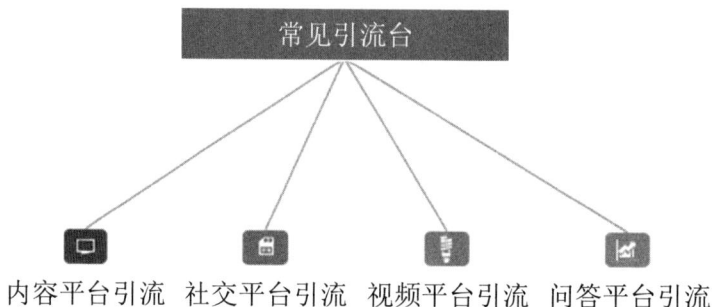

图 10-7 常见引流平台

1.内容平台引流

这里所说的内容平台主要是指大多是自媒体平台，诸如百家号、大鱼号等内容分发平台，如果运营得好，就能够取得不错的引流效果。

当然，想要通过内容平台引流，一个关键之处就在于软文质量过硬。一般来说，通过内容带来的流量并不精准，因此后续流量留存方面还需要多下功夫。

2.社交平台引流

社交平台上的流量是相当大的，当前最为火爆的当属微博和微信。微信除了在社交方面可以引流外，其公众号平台也可以进行内容引流，可以说是一个十分适合引流的平台。

无论是活跃数，还是打开量，社交平台都是非常大的，这是其引流的一个巨大优势。此外，一些社交平台还自带直播和短视频功能，综合利用这些功能，也能更好地帮助运营者进行引流。

3.视频平台引流

与社交平台相似,视频平台的流量也非常大,尤其是在直播和短视频方面。当前大多数用户都已经集中到了移动端,因此,移动端视频平台成为了流量的爆发地。

直播和短视频的活跃数和打开率都很高,这也足见其火爆程度。腾讯视频、爱奇艺视频和搜狐、优酷等视频平台,拥有大量用户关注,视频播放量巨大,引流效果非常明显。

对于运营者来说,想要通过视频引流,可以自己制作视频内容。优质视频内容的传播范围要比文字内容更为广泛,影响力也会更大,这对于引流是十分有益的。

4.问答平台引流

问答平台并没有其他平台火爆,但这并不是说其缺少引流的能力。以知乎平台为例,其引流能力丝毫不亚于其他平台,甚至一些垂直领域的运营者,已经将知乎平台作为主要引流平台。

通过问答平台引流,被吸引的用户很容易长期保持关注,这是因为问答平台的专业度较高,用户大多觉得其内容对自己有帮助,所以才会选择关注,并认为运营者还会继续推出满足自己需求的内容。基于此,用户大多会选择长期关注。

当然,如果是垂直领域运营者的话,长期深耕某一领域,很容易留存住现有用户。如果不是垂直领域运营者,或是后续内容质量出现下降,则会导致关注用户的流失,这一点是运营者必须重视的问题。

对于运营者来说,引流能力决定着新媒体运营的未来。能否获得大量流量注入,并成功留存住这些流量,是运营者成功的关键。

从新媒体行业整体来看,引流始终都是一个重要课题,运营者需要考虑的是如何推陈出新,而不是停留在与引流相关的基础问题上。

第四部分

实战篇：多平台运营，全面覆盖

第十一章　"热"度无限的微博平台

认识微博营销

微博营销既是一种营销方式，也是一种商业行为方式。其以微博作为营销平台，每一个使用微博的人都是它的营销对象。企业可以利用微博来传递企业形象价值，树立良好的企业形象和产品形象。个人可以通过发布大家感兴趣的话题，以此吸引用户关注（图11-1）。

图11-1 微博界面

从具体分类来看，微博营销可以分为个人微博营销和企业微博营销。

个人微博营销主要是利用个人的知名度来获得别人的关注和了解，以明星和社会成功人士居多。伴随着新媒体行业不断发展，一些"草根明星"也开始通过微博来打造自己的个人形象。自从微博营销兴起之后，很多个人微博开始通过各种方式吸引粉丝，进而实现价值变现。

企业微博营销从最初就是以盈利为目的的，它们通过微博主要是想要增加自身的知名度，从而将产品和服务顺利销售出去。相对来说，企业微博营销要比个人微博营销稍难一些，一些品牌较小的企业并不容易在短时间内通过微博让用户了解其产品或服务。此外，由于微博更新速度很快，企业营销很容易淹没在信息洪流之中。

伴随着微博的火热发展，微博营销在新媒体运营中的地位越来越突出，其营销效果也越来越显著。这种营销方式注重价值的传递、内容的互动、系统的布局以及准确的定位，相比于其他媒体平台，具有一些较为突出的优势。

一、微博营销传播速度快、范围广

无论是明星八卦，还是时事热点，微博上都能第一时间出现相关信息。微博开始成为娱乐明星和机关单位发布信息的重要渠道。很多时候，企业信息的发布，都会首选微博平台。

二、微博平台即时性强

当某些热点事件曝光之后，可能在十多分钟内就会有上百万、上千万的微博粉丝参与和传播。相比于其他平台经过一段时间才会发布文案内容，微博的即时性是其一大优势。

三、微博平台影响大

对于企业来说，微博是新品发布的首选平台，平时与粉丝互动，进行线上活动,也会首选微博平台。对于个人来说,微博是塑造个人形象的重要工具，作为一个一对多的交流平台，运营者在微博上的每一条图文消息都会被粉丝看到，如果能够利用好这一工具，不难塑造起"意见领袖"的形象。

伴随着新媒体行业逐渐发展，微博营销已经成为一种常见的新媒体运营方式。看上去微博营销只是发表一些图文信息，但实际上，微博营销却远没那么简单，而且一旦操作不当，就会产生负面影响。一些不合时宜的信息不仅不会起到营销宣传作用，很多时候还会影响到个人或企业的形象。

微博营销需要不断优化，运营者应该在确定自身目标定位之后，找到目标用户，通过用户画像来制定营销策略。在微博营销过程中，掌握一定的营销技巧对于提高营销效果具有很大帮助。

微博营销技巧分析

对于运营者来说，想要把微博营销做得有声有色，就不能只在内容上面传递价值，而是还应该在运营过程中讲求一些技巧和方法。

比方说，在微博话题设定时多一些思考；在微博内容表达上带一点俏皮；相比于平铺直叙的表达，多使用提问或是带有悬念的语句，能够引导粉丝参与思考，这种表达更能给粉丝留下深刻印象。

总的来说，要掌握微博营销的技巧和方法，主要需要做到以下几个方面的内容，如图 11-2 所示。

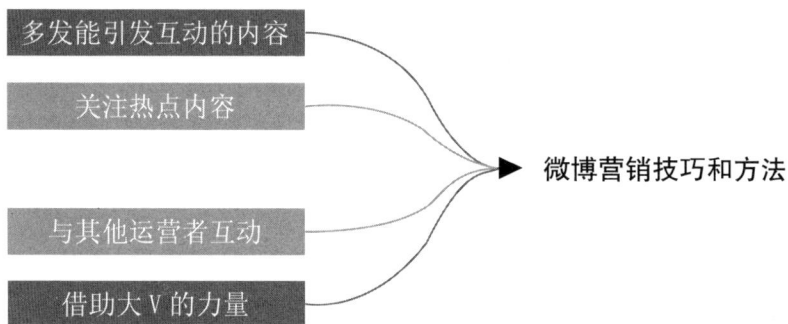

图 11-2　微博营销技巧和方法

一、多发能引发互动的内容

在微博营销过程中，运营者发布内容主要是为了品牌宣传和营销，当然运营者也并不能始终发这种营销类的内容，这样就会让粉丝感到运营者就像是一台自动发布消息的机器，缺少"温度"。这样一来，粉丝自然也就不会参与话题讨论和互动了。

因此，运营者应该在营销宣传之余，发一些比较有趣或好玩的内容，引发大家讨论，引起大家互动。一旦产生互动，微博的氛围就会热闹起来，将氛围搞活之后，运营者便可以在互动中加入一些品牌营销和宣传的内容。这样不仅更能让粉丝接受，同时还会促使粉丝主动转发、传播运营者宣传的内容。

二、关注热点内容

热点事件是大多数人都喜欢讨论的事情，对于这一内容，运营者一定不能错过。即使这些热点内容并不是运营者关注领域之中的内容，运营者也不能"两耳不闻窗外事"，而是一定要参与到热点内容的讨论之中。

参与热点内容讨论的目的是增加自身的曝光。但在讨论过程中，运营者不能过于标新立异，或者表现出明显的站队倾向，应该从热点内容本身出发去讨论。如果运营者没有办法把握好对热点内容的讨论，就一定要懂得适可而止。

三、与其他运营者互动

人脉关系在任何时候都是大有用处的，运营者如果想要做好微博营销，就需要时时刻刻增加自己的曝光。当然这种曝光一定是正面的、积极的曝光，而不能是负面的、消极的曝光。为此，运营者可以通过评论大 V 的微博来获得曝光。

假设一个大 V 博主的粉丝量级在千万以上，那其微博的阅读量基本都会在百万以上，而以这种程度的阅读量来看，如果运营者能够在第一时间对大 V 博主的微博进行评论，则有可能会获得 10 万次左右的曝光。如果运营者的评论内容足够优质，就会吸引很多粉丝关注。

除了评论互动外，运营者还可以与其他运营者相互合作。每次发布微博之后，进行相互转发评论。这样就相当于无形中扩大了自身的粉丝数量，在相互帮助过程中，微博营销中遇到的许多问题也会轻松得到解决。

四、借助大V的力量

大V的影响力是有目共睹的，如果大V博主能够帮助运营者转发一条微博，那带来的粉丝流量绝对是空前绝后的。当然，想要做到这一点，又不想花费较多成本的话，就需要辛勤地去大V那里评论，说不准哪天会得到大V的"垂青"。

试想一下，如果哪天王校长愿意为运营者转发一条微博，那可能要比得上运营者辛辛苦苦营销几年获得的关注还要多。

除以上几点外，微博的营销技巧还有很多，运营者只要善于总结、勤于思考，总会找到适合自己的方法。当然，微博营销的竞争非常激烈，运营者如果迟迟无法取得成绩，就要仔细反思一下自己是否进入了误区之中。

微博营销主要误区

当前，很多企业在进行微博营销时，缺少清晰的定位，不清楚自身通过微博想要做什么，更不知道如何去运营微博，以至于微博营销迟迟无法取得效果。还有一些企业，虽然拥有专门的微博营销团队，但因为营销观念和方法的错误，不仅浪费了资金，也没有取得营销效果。

一些企业在刚刚开展微博营销时，很容易陷入各种各样的误区之中，这在很大程度上影响了其微博营销的效果。对于运营者来说，想要取得运营效果，一些常见的微博营销误区是必须要避免的。

一般来说，企业在微博营销中常见的误区有以下几点。

一、不考虑明确的活动目标

很多运营者在策划微博活动时，缺少一个明确的活动目标，这就让后续的活动计划无法顺利开展。一个完整的活动策划应该从活动目标出发，确定活动计划，包括目标受众、活动细则、文案设计、宣传总结等内容。

如果活动目标不明确，活动计划就会缺乏指向性和针对性。倘若运营者既想获得用户关注，又想增加产品销售，最终只会导致活动效果大打折扣。

二、粉丝数量决定微博价值

即使现在，依然有很多企业将粉丝数量作为微博营销考核的唯一指标。正是在这种观念的影响下，粉丝买卖市场才会火热异常。

粉丝数量是微博营销的基础，这一点是不可否认的。但当前的一种情况是，很多企业微博的粉丝数量可以达到几十万，而微博内容的评论转发数量却不超过几十条，这对于企业品牌宣传而言毫无意义。

企业如果想要呈现微博平台上表面的"虚假繁荣"，倒不如直接去买一些评论和转发。也正是因为这种现象，我们才不能单纯从粉丝数量去判断微博的价值。

可见，企业微博营销的关键不在于拥有了多少粉丝，而是在于企业在微博平台上能够拥有多少真的潜在用户，这才是微博营销的原动力所在。评判微博价值的重要指标应该包括三方面：粉丝质量指数、关注率及活跃用户数量，如图 11-3 所示。

图 11-3　评判微博价值的重要指标

三、微博是一个低门槛、超简单的营销方式

一些运营者认为，只要有微博账号，就能进行微博营销，这似乎是在说微博营销是一个低门槛的营销方式。还有些运营者认为微博营销就是每天发发微博，回复一下用户评论就可以了。但实际上，只进行这些简单操作，并不能为企业带来任何营销价值。

微博营销并不简单，在整个营销过程中，可能会用到广告学、社会学、营销学等多种学科知识。同时在细节操作中还会涉及软文撰写、SEO 优化、CRM 管理等知识。甚至仅仅在微博命名和关键字优化中，也蕴含着丰富的知识理论。想要用 140 个字让内容完美表达，并不是一件容易的事。

除了营销操作外，运营者还需要应对用户的评论和投诉，这些过程中都需要运营者具备较强的应变和公关能力。因此，企业在进行微博营销时，仅仅依靠一个人是远远不够的。当前主流的企业微博营销都是专业化运营团队在做，比如杜蕾斯公司的微博营销就是由环时互动团队在做，其创意策划人员在微博营销上投入的时间和精力是其他运营团队难以企及的。

四、认为微博营销就是发广告

没有哪个用户会喜欢整天发广告的微博。在这个广告混乱的时代中，用户很少会将注意力集中在广告上。更何况，微博平台并不是广告平台，虽然大多数运营者会使用微博平台进行广告宣传，但他们大多会掌握一个度，会将发广告的频次限定在一定的限度内。

五、只做微博营销，不做其他营销

一些做微博营销的运营者认为微博营销作用大、效果好，因此会忽略其他营销渠道。实际上，任何单一的营销渠道都不能取得全面的营销效果。

运营者在策划营销方案的时候，应该从整体角度出发，综合考量不同营销平台的营销效果。微博平台的营销应该与其他平台相互协调，这样才能取得更好的营销效果。

作为重要的营销平台，微博正伴随着新媒体时代不断演变和发展。虽然当前市场上出现了许多新的媒体平台，但微博的本质属性依然还在，企业进行微博营销也是社会化营销的一个重要部分。

对于运营者来说，想要取得好的营销效果，就要认清微博营销的"真实面目"。不能为了营销而营销，不要盲目追求粉丝数量增长，而是要从真实效果上去考量微博营销的价值，且不要走入微博营销的误区之中。

"小杜杜"的微博营销

谈到微博营销方面的成功案例，杜蕾斯绝对是不得不提的一个（图11-4）。

杜蕾斯官方微博在 2011 年 1 月底开通，到现在已经有 300 多万粉丝关注，累积发布微博 2 万多条。其官方微博内容包括品牌简介、原创声明和官方旗舰店链接等。

11-4　杜蕾斯官方微博

杜蕾斯的微博营销更多地是为了对品牌进行宣传，促进产品销售。从具体的营销效果来看，杜蕾斯成功通过微博平台将较为隐晦的保健用品推到了聚光灯下。这种举措不仅没有让用户感到有些尴尬，反而吸引了大量用户的热烈参与。这也是杜蕾斯微博营销的成功之处。

杜蕾斯在微博营销最初，将自身定位为宅男形象，经常发布一些网络鸡汤式的内容。这一阶段的内容对用户吸引力很弱，大多时候用户根本不会关注这些内容。在意识到这一点后，杜蕾斯开始逐渐调整营销策略，就这样，一位颇懂生活的"老司机"形象开始出现在杜蕾斯的微博营销中。

杜蕾斯微博形象的转变是从产品本身出发的。根据产品特点，杜蕾斯逐渐以轻松幽默的方式来表达产品特性、传播两性知识。在具体内容上也变得越来越"内涵"，遇到热点话题，更是能够进行创意性改造，使之变成具有自己风格特点的内容。这一点正切合了当前微博用户的喜好，同时也体现出杜蕾斯对当前营销环境变化的高度敏感。

在更新频次上，杜蕾斯官方微博每天会发布 3 到 9 条内容，在 7 年时间中，更新了 3 万多条微博，每天平均能有 8 条微博。这种持续高质量的产出，也是杜蕾斯能够获得用户广泛关注的一个重要原因。

当然，真正让杜蕾斯的微博营销取得卓越效果的还是其高质量的文案内容。总体来看，杜蕾斯的微博文案内容主要可以分为几个不同类别。

一、"蹭热点"类

杜蕾斯可以说是"蹭热点"界的高手，如果要选出谁最了解中国的节气和节日，杜蕾斯应该是其中的佼佼者。一年到头，杜蕾斯不会放过任何一个节日，像是春节、元旦、情人节、妇女节、端午节、七夕节自然不在话下，甚至是世界水日、地球日、湿地日等并不太受关注的节日都不会逃过杜蕾斯的"法眼"。

杜蕾斯的"蹭热点"类微博并不是牵强地将自身产品和热点捆绑在一起，而是赋予它新的内涵。

在素材方面，杜蕾斯的微博文案素材是整个团队从微博用户的想法以及整个互联网动态中发掘出来的。所以在杜蕾斯手中，任何一条信息资源都可能会成为热点，经过运营者的艺术性加工之后，成为吸引用户关注的头条。

二、互动活动类

杜蕾斯互动的形式主要是为了增加话题属性。此前杜蕾斯曾推出过"杜绝胡说""最粉丝""杜杜健身房"等教学式互动内容，有效增强了用户之间的互动。

"杜绝胡说"（图 11-7）和"最粉丝"是一种一问一答式的粉丝互动。杜蕾斯每次提问后，都会抽取一名观众的答案进行互动，并且专门为粉丝配图。

这种方式增加了粉丝的参与热情。

纵观杜蕾斯的微博营销可以看出，其运营者的快速反应能力是有目共睹的。在每次热点事件中，人们都能在第一时间看到杜蕾斯的身影，可见其借势营销能力非同一般。

此外，杜蕾斯微博营销更多专注于内容制造，而不是纯粹的广告植入。运营者会把产品放置到生活场景之中，利用大家熟知的画面或事件来进行文案创作。杜蕾斯的文案往往并不很直接，会有一些悬念性的东西让用户猜测，只有经过一定思考后才能完整理解其中的意思。

在文字和图片搭配上，杜蕾斯文案的文字内容非常精简，很少会看到长篇累牍的文字内容。文字在整个文案中主要起到提示作用，而图片才是文案的主角。杜蕾斯的运营者在设计文案图片时，每次都能找到一些巧妙的方法，将自身产品的功能和特点植入进入。这种方式可以让用户更自然地记住杜蕾斯这个品牌。

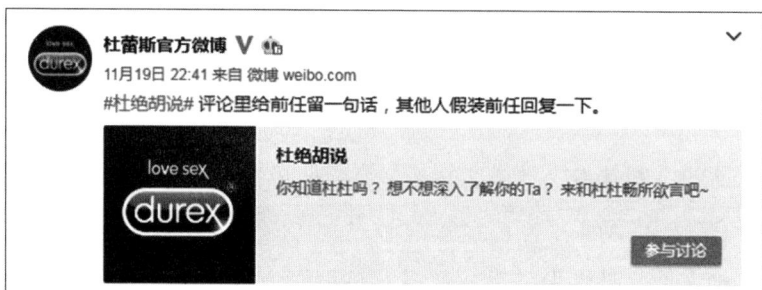

图 11-5　杜蕾斯"杜绝胡说"

第十二章　家喻户晓的微信平台

认识微信营销

作为新媒体时代的一种新型营销方式，微信营销是伴随着微信的火热而兴起的。作为社交平台，微信可以消除用户之间的距离。用户注册微信后，可以通过微信与同样注册微信的朋友进行联系。当然，商家也可以通过微信向用户提供产品信息，推广自己的产品。

自从腾讯公司 2011 年 1 月 21 日推出微信以来，微信版本经历了多次更新，在不断优化性能的同时，增加了微信的互动性。互动性的增强为微信带来了更多用户关注，随着活跃用户的不断积累，越来越多的个人和企业将目光从微博营销逐渐转向微信营销。

很多企业和个人都已经通过微信营销获得了收益，当前的微信营销已经形成一种线上线下微信互动的营销模式。对于未来的发展前景，不少运营者认为，在微信平台上还是大有可为的。

相比于其他营销方式，微信营销有一些突出的特点。

首先，微信平台拥有庞大的用户基数。

当前，微信的活跃用户已经超过 10 亿，而且这一数字依然在不断上升。作为当下最为火爆的社交工具，微信和 QQ 共同构建起腾讯的社交网络。

随着智能手机的普及，微信开始逐渐走向大众化。在智能软件市场上，微信始终名列前茅。今后，微信的影响力将进一步扩大，进而影响到整个新媒体行业的发展。

其次，微信平台具有很强的互动及时性。

只要携带智能手机就能通过微信随时随地与用户展开互动。相比于其他营销平台中的用户，微信平台上的用户更加真实。有媒体形容"1 万个微信粉丝相当于 100 万个微博粉丝"，虽然过于夸张，但也在一定程度上表明了微信粉丝的价值。

微信营销在其具体优势方面，主要表现为以下几点，如图 12-1 所示。

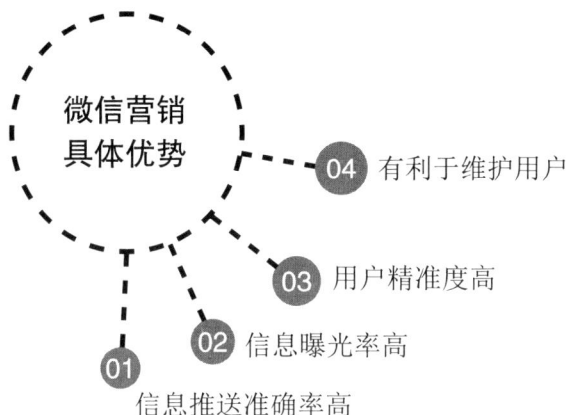

图 12-1　微信营销的具体优势

一、信息推送准确率高

决定营销效果的关键就是推送的信息是否能够准确到达用户端。微博营销的一个明显缺点就是运营者发布的营销信息很容易淹没在信息洪流中。相比而言，微信在这一方面具有明显优势。

只要关注了运营者的微信号，用户就能收到运营者推送的每一条信息。从信息送达率上来看，微信的信息送达率是非常高的。

二、信息曝光率高

信息的送达率和曝光率并不能完全等同，这一点作为运营者大多都清楚。用户收到运营者推送的消息，只有打开来看，这条信息才会曝光。很多时候，用户并不会关注自己收到的所有信息，这也是新媒体营销曝光率低的一个原因。

由于微信信息具有铃声、角标等通知，这就使得大多数通过微信推送的信息能够被用户点击观看，从而提高了曝光率。如果运营者对推送内容进行一定程度的优化，想要达到百分之百的曝光率也不是不可能。

三、用户精准度高

相比于其他媒体平台营销，在微信平台上做营销，运营者获得的用户会更为精确。运营者在做微信营销时，会有针对性地吸引用户订阅，而通过微信公众号后台还可以将用户进行分组，从而更能有针对性地为用户推送精准信息。

四、有利于维护用户

微信营销除了在获取新用户方面具有较大优势外，在维护老用户上也具有一定的优势。垂直行业和细分行业可以利用微信营销来维持企业与客户的关系，大大降低客户运营成本。

微信营销是新媒体运营者的必修课，随着微信功能越来越完善，很多企业都选择微信平台来运营自己的产品。对于运营者来说,想要提升运营的效果，首先要做的就是了解微信平台上的各种营销工具。

更全面的微信平台

想要做好微信营销，首先要了解微信平台上的各种营销工具。微信方面曾说微信公众平台不是营销平台，微信也不是营销工具。但事实上，任何新媒体平台都可以成为营销工具，更何况拥有庞大用户的微信公众平台。

而从微信的众多功能来主讲，微信也无疑是一个良好的营销渠道。目前来看微信的功能依然在不断扩展，从当前情况来看，微信平台上主要有以下几种可以用作营销工具，如图 12-2 所示。

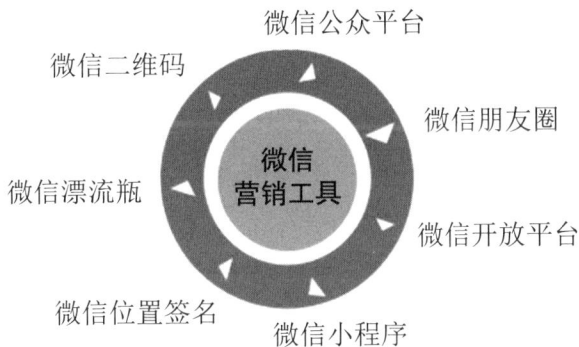

图 12-2　微信营销工具

一、微信公众平台

这可以说是微信最为主要的营销工具，也是运营者向用户推送信息的最主要渠道。用户一旦关注运营者的公众号，就会定期收到运营者的消息推送。

微信公众平台的用户黏性很高，很多时候，如果不是运营者的公众号运营得很糟糕，用户一般不会轻易取消关注。

微信公众平台还具有超强的链接能力，可以链接各种第三方的功能服务，帮助运营者进行多种多样的营销宣传。作为一个庞大的流量入口，微信公众平台能够为运营者带来众多价值变现的可能。当然，能否利用好这一工具，关键还要看运营者的能力如何。

二、微信朋友圈

运营者可以将精彩的内容和品牌信息分享到朋友圈中，运营者的好友会收到相关营销信息。从当前微信朋友圈的信息类型来看，主要有微信朋友圈产品销售类信息、微信朋友圈生活常识类信息和微信朋友圈公众号内容信息等几种。

相比于微信公众号每天对信息发布条数的限制，通过朋友圈发布的信息不会受到这方面的限制。当然，如果运营者持续不断地发布营销信息，也会干扰到朋友圈好友，降低营销效果。

三、微信开放平台

微信开放平台与微信公众平台不同，运营者使用微信开放平台，可以将网站的内容分享到微信，也可以把微信的内容分享到网站。由于微信用户相互间都具有较为亲密的关系，所以当商品信息被用户分享给其他好友时，就相当于完成了一次口碑营销的过程。

与公众平台相比，微信开放平台主要面对应用程序开发者。运营者一般是在拥有了成熟的应用程序后，再通过开放平台将内容分享到朋友圈，以达到营销宣传的目的。

四、微信小程序

作为 2017 年全新推出的微信功能，许多运营者已经通过小程序获得了大量的用户和流量。在一年多时间里，数不清的小程序出现在微信用户面前，利用好微信的社交关系是小程序营销取得成功的关键。

小程序具有很多网页所不具备的能力，基于新的接口能力，运营者可以随意创造新颖的营销方式和互动方式。由于小程序依然拥有很多可供开发的地方，因此，尽早寻找到小程序的营销之道，是运营者所面临的头等大事。

五、二维码

二维码的应用在微信营销中也很常见。用户通过扫描二维码可以和运营者展开互动。一般来说，用户主动扫描二维码，证明至少其对运营者的产品存在一些兴趣，运营者可以就此进行有针对性的用户营销。

运营者运用二维码营销更多是为了吸粉以及进行活动推广，这种方式比较适合一些想要简单获益的用户。选择一些与用户关联较为紧密的奖品，可以提升二维码营销的成功率。

六、位置签名和漂流瓶

这两项微信功能同样可以进行营销。但从当前微信用户行为习惯发展情况来看，"漂流瓶"和"附近的人"等功能由于使用率不断降低，很有可能会被废除。

漂流瓶主要是将信息放在瓶子中，用户在捞起瓶子后获得信息并传播出去。这种营销方式因为针对性不强，加之漂流瓶的主要功能是为用户排遣无聊之情准备的，所以很容易出现反作用。因此，在具体营销效果上也较难把握。

位置签名主要是在签名档上放置广告信息，用户在使用"附近的人"或"摇一摇"功能时，会看到运营者签名档上的广告信息。这种营销方式类似于线下的公交站牌广告，其覆盖人群可能比较小。当然，如果运用得当的话，也能够获得不错的转化率。

未来微信依然会推出新的功能，运营者应用起来需要一个过程。正如小程序一样，在最初推出时并没有被运营者广泛使用，但从现在来看，针对小程序的营销活动已经层出不穷了。对于运营者来说，既然想要依靠微信平台来做营销，就要综合应用微信平台上的多种功能。上面提到的各种微信功能看似独立，实则存在很多相连通的地方，运营者只要找到这些功能的结合点，就能构建起完整的微信平台营销体系，进而获得最大化的微信营销效果。

微信营销技巧分析

随着微信用户的不断增多，微信营销开始成为企业关注的重点。作为移动互联网的重要入口，微信正在构建一个新的生态圈。在微信平台上，企业可以向关注自己的用户推送一些优惠信息，或提供一些便捷服务，最重要的是能够宣传企业的品牌形象。微信营销的优势如图 12-3 所示。

12-3　微信营销的优势

对于企业运营者来说，想要通过微信营销来宣传企业品牌形象，单纯发一些产品信息和宣传文章是不够的。微信营销虽然投入的成本很低，但如果不懂具体的运营策略和流程，那么再多用户基数也不会成为有效流量。因此，运营者应该在开展微信营销活动前首先了解一些必要的营销技巧。

一、精准确定运营定位

那些每天利用微信公众号群发消息的运营者，显然并不懂得微信营销应该怎样开展。在没有找准微信营销的运营定位前，最好不要盲目去做，这样不仅自己做起来没有方向感，也会给用户造成不必要的困扰，造成用户流失。

企业无论进行何种经营活动时，都需要首先确定定位，然后再去开展相应工作。同理，企业在微信营销中，也要首先明确自身定位，要知道自身的品牌和产品需要的是何种受众人群；应该在哪些方面，增加什么样的内容；什么时间适合推送何种内容等，这些是企业在开展营销活动前必须要搞清楚的问题。

二、适当选择推送时机

在微信营销中，信息推送时机的选择也是非常重要的。如果用户在休息的时候，突然收到一条信息推送，那他一定会感到十分厌烦。因此，不考虑用户感受，盲目推送信息的行为，是运营者一定要尽力避免的。

微信营销的内容推送，应该选择在恰当的时间进行。想要做到这一点，运营者可以借助微信公众平台中的数据分析功能。通过数据分析，运营者能够看到自己推送的消息是否被用户阅读，内容阅读量和转发量各是多少，在哪段时间用户阅读较多，转发较多。运营者甚至能够通过数据分析获知自己在什么时间新增了粉丝或减少了粉丝。

在数据分析的同时，运营者需要了解目标用户的作息时间，然后据此调整信息推送的时间。一般来说，在早上八点到十二点之间，大多数人正在上班，这一时段推送信息的效果会好一些。而在晚上八点到十点这段时间中，大多数人已经吃完晚饭，进入放松休闲时间，这段时间中推送信息，也会取得不错的效果。

三、互动活动增加粉丝活跃度

微信营销的一个重要板块就是活动。随着微信的普及和功能的完善，越来越多运营者开始在微信上做活动。相对来说，在微信平台上做活动，要比其他平台更为轻松。由于主要面对的是自己的粉丝，所以运营者可以节省很大一部分成本开销。

做活动一方面能够增加粉丝活跃度，另一方面则可以提高转化率。而在活动中和活动结束后搜集到的用户信息，又能够为下一步的营销活动提供帮助。也正因此，许多企业运营者都选择通过活动来做营销，他们中的大多数都取得了不错的效果。

华为曾经通过微信平台进行过荣耀 3X 的预约活动，由于宣传全面，那次活动取得了很好的效果，荣耀 3X 也达成了总预约量 30 万的成绩。可见，微信活动营销已经成为微信营销中的一个重要环节，好的活动所能带来的收益是非常可观的。

在活动营销中，活动的趣味性自然是营销成功的重要因素。此外，活动的奖品设置、公正透明也是不容忽视的因素。为此，运营者应该在奖品设置和中奖率方面做出一些调整，增加用户参与活动的积极性，让更多的人拿到奖品，即使奖品很小，但对于参与活动的用户来说也是一种利益回报，这种做法能在一定程度上提高活动营销的效果。

四、自始至终的品牌营销

很多企业开展微信营销，除了是为了卖产品外，更多是为了塑造企业的品牌和形象。随着微信越来越广泛地融入人们的生活之中，企业对微信的依赖程度也越来越深。企业想要在微信平台上树立品牌形象、打造优质口碑，必须要依靠持续不断的优质内容输出，这样才能吸引粉丝，与粉丝产生共鸣。

此外，在微信营销过程中，企业应该与用户保持真诚的沟通和交流。对于用户遇到的问题，要及时给予解决。在内容营销的同时，做好情感营销是十分必要的。微信平台上的关系是一种强关系，运营者只有通过情感营销才能维系住与用户之间的关系。

微信平台对于运营者来说是一个重要的营销渠道，在这个平台上，运营者可以进行客户管理和品牌宣传。通过微信营销，运营者可以扩大品牌影响力，增加企业用户数量。

上面提到的微信营销技巧是整个营销过程的基础，也是运营者做好微信营销的关键。想要在微信营销这条道路上越走越远，运营者还需要结合自身战略目标，以及不断变化的市场环境，去发掘一些新的营销技巧。

微信运营误区

　　微信营销技巧要结合自身品牌特征和战略目标去选择，因此不同的企业运营者在技巧选择上会有所不同。一些技巧可能适合大多数运营者，但对少部分运营者并不合适，这是运营者在选择微信营销技巧时需要注意的一点。

　　营销技巧各有千秋，营销误区却是千篇一律，缺乏经验的运营者大多会掉入到相同的营销误区之中。与微博营销一样，微信营销也存在很多陷阱和误区，不去有针对性地规避，就很容易走入误区，而让营销工作变成无用功。

　　下面介绍一些常见的微信营销误区，如图 12-4 所示。

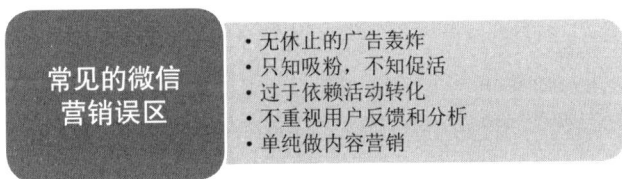

| 常见的微信营销误区 | • 无休止的广告轰炸
• 只知吸粉，不知促活
• 过于依赖活动转化
• 不重视用户反馈和分析
• 单纯做内容营销 |

图 12-4　常见的微信营销误区

一、无休止的广告轰炸

　　大多数运营者都将朋友圈、微信群和微信公众号作为主要营销工具。一方面是因为这些工具准入门槛低，操作方便；另一方面则是因为这些工具的营销效果非常直接，发布的内容可以直接传播到用户端。

　　正是基于这种认识，一些运营者会利用这些营销工具对用户进行"广告轰炸"。他们想要让用户 24 小时都看到自己推送的消息，并对此乐此不疲，结果不是被用户屏蔽、取关，就是被群主踢出微信群。最终不仅营销效果没得到，还截断了自己的营销渠道。

这是一个微信营销的常见误区。无论使用哪一种工具，运营者都不能给用户造成困扰和负面影响，这是营销的底线。如果运营者能够为用户持续推送高质量内容，自然能够提升运营效果，但如果持续运用"广告轰炸"刷存在感，就很容易引起用户反感，影响营销的效果。

二、只知吸粉，不知促活

大多数企业微信的运营者会存在 KPI 压力，而大多数企业会将粉丝数量作为 KPI 考核的主要标准。这就使得运营者专注于各种方式吸粉，在完成 KPI 考核目标后，便不去考虑粉丝留存、促活的问题，从而造成粉丝增长速度很快，流失速度同样很快的结果。

在微信营销中，吸粉不仅要达成粉丝数量增长，还要尽可能保证精准粉丝的增长。这是因为精准粉丝的价值要高于普通粉丝，同时精准粉丝的忠诚度也要更高。当然，即使是精准粉丝，也需要运营者设计好留存和促活的详细方案，这样才能降低精准粉丝流失。

只知道吸引粉丝，不知道怎样留存粉丝的运营者，早晚会因为粉丝不断流失而导致营销活动的失败。

三、过于依赖活动转化

通过活动促成转化，已经成为微信营销涨粉的一个主要套路。可实际上，单纯依靠活动获取营销效果是很困难的。活动策划是一个方面，渠道宣传是另一个方面，只有具备了这两个方面要素的活动营销，才能取得好的效果。

在一个活动方案制定出来之后，运营者应该广泛寻找宣传渠道。虽然活动是在微信平台上进行的，但宣传渠道一定不能局限在微信平台上，只有让更多用户了解活动，才可能让更多用户参与到活动之中。

在宣传渠道的选择上，运营者应该选择一些与自身活动主题和受众人群特征匹配的渠道，这样才能获得更好的宣传效果。

四、不重视用户反馈和数据分析

微信营销最为重要的一点就是互动，如果运营者与用户之间失去了互动，那微信营销也就失去了意义。为此，运营者一定要重视用户的反馈，并及时给予回复。一些运营者认为用户的反馈是无理取闹，因此常常无视用户反馈，久而久之，用户反馈的声音少了，用户的数量也随之少了。

除了用户反馈，一些运营者还会忽视数据分析的作用，无论是活动策划，还是内容创作，都只是从运营者自身角度出发，最终工作做了一大堆，就是看不到营销效果。

五、单纯做内容营销

一些运营者认为微信营销的主要工作就是提供内容。"好的内容是传播的前提"，这句话并没有错，但如果单纯将营销的目光聚焦在内容上，就会造成营销过程的单调，影响到营销的效果。

这种误区与单纯依靠活动转化一样，都是将微信运营的各个环节孤立了起来。即使做内容运营，也需要综合考虑公众号属性和目标用户的特征，需要运用到其他营销工具。所以运营者应该从整体上去看待微信营销，而不能将其拆分为单个环节，孤立地去开展营销工作。

微信营销是一项系统工作，对于企业来说，做好微信营销能够开辟出新的产品宣传和销售渠道。对于个人来说，做好微信营销能够树立个人品牌形象，实现价值变现。

作为新媒体运营中的重要媒体平台，微信已经成为众多企业主要的营销渠道。微信庞大的流量不仅让企业运营的价值变现成为了一件很容易的事情，同时也为个人运营者提供了新的机会，许多个人运营者都通过微信营销获得了丰厚的价值回报。

讲故事的"凯叔"为何这么火

"凯叔讲故事"的火爆好像是突然间的事，至少在家长圈里面，凯叔运营的这款微信公众号确实是火的不得了。

对于大多数微信运营者来说，学习那些已经成功的微信大号的运营方法是十分必要的，这是使用好这款个性化运营工具的关键。当然，对于微信公众号的定位和目标受众，运营者还需要从自身特长方面考虑，这样才能找到适合自己的微信运营成功之道。

"凯叔讲故事"的成功虽然貌似异军突起，但也并非实属偶然，当一切必要要素合理有序地聚合在一起时，成功也就变得顺其自然了。

在做微信公众号运营之前，王凯是中央电视台的主持人，曾主持过《财富故事会》《商道》《对手》等爆款栏目。看过这些栏目的人应该会明白，为什么凯叔在讲故事方面会如此厉害了。

在主持电视节目的同时，王凯还为许多动画片担任过配音，比如像《变形金刚》里的擎天柱，《海底总动员》中的锤头鲨，还有《汽车总动员》中的大卡车。可以说，很多孩子在没有接触到"凯叔讲故事"之前，就已经对王凯的声音十分熟悉了。

以上这两方面的因素可以算是王凯自己的先天因素，对于其他微信运营者来说，借鉴的意义并不大。那我们为什么还要讲这些呢？因为正是这些因素，促成了王凯在日后开办"凯叔讲故事"这个微信公众号。

讲故事从小就是王凯的爱好，特别是有了孩子之后，这更成为他与孩子沟通的最有效方式。相比于和孩子说一些社会生活的大道理，不如给他讲一点古今中外的小故事更能够让孩子在轻松愉悦的氛围中收获成长。

在最初，王凯只需给自己的孩子讲一个故事，孩子便会安然入睡，但随着时间的推移，孩子变得越来越"贪婪"，想听的故事也越来越多，每天不讲三四个故事，孩子是不会睡觉的。就这样，随着一天一天的累积，王凯攒下了很多讲故事的音频。

手中积累了这么多的故事录音，只让自己的孩子听，似乎有些浪费，于是，王凯开始将这些故事音频上传到"凯叔讲故事"微信公众号中。

最初王凯并没有刻意在运营上下功夫，但伴随着关注的用户越来越多，许多孩子通过微信号后台给王凯发来了信息。有些心里话，孩子们不愿意跟父母说，但却愿意跟"凯叔"说，这一点深深触动了王凯。在为孩子们解答困惑的同时，王凯愈发觉得自己应该通过"凯叔讲故事"这个平台为孩子们做些什么。

在 2013 年，王凯通过微信公众号做了一个线下活动，30 张免费票仅仅两分钟便被一抢而空。在活动现场，孩子们带来了各式各样的礼物，这些礼物大多是他们亲手做的，他们想用这些礼物表达对"凯叔"的感谢。

这次活动对王凯带来的触动更为巨大，同时也让他更加坚定了要做好"凯叔讲故事"公众号运营工作的决心。2014 年 4 月 21 日，王凯开始全力投入到"凯叔讲故事"的运营工作之中。

上面讲到的这些，看似并没有什么技巧和方法值得学习，但其实这里面涉及了微信公号运营的一个底层逻辑，很多时候，这也是微信公号运营成功与否的决定性因素——你是否有足够好的内容？是否有足够明确的目标受众？这两点是运营者开展微信公众号运营最先需要考虑的问题。

很显然，"凯叔讲故事"在这两方面做的极好。在内容层面上，王凯自身对故事有足够的把握，无论是故事的内容质量，还是故事的播放效果，都印证了他的自信；在受众层面上，2~10 岁的孩子是主要目标受众，这也是王凯能够成功运营这个公众号的一个至关重要的前提要素。

在这两方面之外，"凯叔讲故事"的一些运营方法，也有不少值得运营者借鉴的地方。

首先，充分考虑用户体验，内容运营要为用户量身定制。前面提到，"凯叔讲故事"的主要受众是 2~10 岁的儿童，给他们讲故事时，一定要注意的一点就是孩子们的理解能力和接受能力。

举例来说，在为孩子们讲述《西游记》故事时，里面出现的一些暴力、血腥的内容，是一定要自动过滤掉的。此外，在给他自己的孩子讲述花果山水帘洞像瀑布一样时，王凯发现孩子不知道瀑布是什么。既然小孩子不知道瀑布的概念，那他们能理解《西游记》里面的袈裟和钵盂吗？王凯迅速想到了这些问题，并及时找到了相应的解决办法。

在设计《西游记》故事时，王凯将原来的《西游记》分为五部：第一部中将一些基础概念用孩子能理解的话语讲出来，然后在第二部中加入一些古诗词和国学知识，在后面几部中，再加入一些哲学方面的知识。通过这种循序渐进的方式，让孩子能够一点一点地理解，最终完全吃透故事中的所有内容。

其次，洞察用户需求，在交互中不断做到更好。用户需求洞察是微信公众号运营的重要环节，只有了解用户需求，才能持续生产出让用户满意的内容。想要实现这一点，很多时候需要运营者不断去开展用户交互工作，多跟用户沟通，才能知道用户真正想要什么。

王凯很清楚，一个人想到的产品绝对不是好产品，要做一款好的产品，一定要与用户一起打造。一次，有一个故事中涉及死亡教育的问题，在推出这个故事之前，王凯在公众号中曾征集过用户意见，结果一下子收到了好多用户的反馈。有些用户发来了长篇大论的反馈，论述死亡教育的必要性；有些用户则觉得现在为孩子讲这些内容，并不那么恰当。

王凯认为，内容不应该直接成为一种收费的产品，它应该成为一种了解并解决用户痛点的工具。王凯在做了大量儿童内容后，他清楚了解到 2~10 岁儿童家长所面临的各种痛点，加之他自己也身为孩子的家长，也渴望有人能帮助自己解决这些痛点。为此，王凯团队最终通过视频的方式，将这方面的产品免费送给了广大家长。

最后，多渠道运营，最大化微信公众号传播效果，也是微信公号运营的重要方法。在微信公众号运营取得了不错的效果后，王凯又打造出了"凯叔讲故事"APP 及"凯叔讲故事"动画作品，不仅延伸了微信公众号的功能，也为用户提供了更多满足需求的服务，达到了最大化收益的效果。

　　从 2014 年开始，"凯叔讲故事"已经打造了 8000 多个故事，总播放量超过 30 亿次，获得了超过 2000 万用户的认可。2018 年，"凯叔讲故事"还荣获了伦敦书展"有声书出版大奖"提名，值得注意的是，在亚洲还没有其他同类产品获得过这一殊荣。

第十三章　风头正劲的直播和短视频平台

直播、短视频平台的发展

在注意力稀缺的时代，任何可以吸引人们注意力的事物都将会野蛮生长。直播和短视频就是这样的事物。

一、直播平台迅猛发展

在近年来，直播成为明星与粉丝互动的重要桥梁。伴随着直播版图越来越大，越来越多的普通人参与到了直播之中，成为了吸引流量的意见领袖。到现在，直播已经涉及绝大多数我们可以想到的细分领域。

2016 年是直播平台爆发的一年，直播技术的发展让直播平台逐渐从视频平台中脱颖而出。视频主播成为了一个新的职业，相比于其同类型主播，视频主播获取粉丝更快，价值变现也更直接。

在吸引流量方面，直播平台能够迅速制造热点话题，促进优质内容的传播。其所吸引的庞大流量，也为其带来了诸多广告主和品牌商的关注。资本的大量注入让直播平台更加疯狂生长。

在 2018 年上半年，中国网络直播行业景气度持续上行，各大直播平台开始进入精细化运营阶段，直播内容超清化步伐也明显加快。此外，各大直播平台还加大了对原创运营者的扶持力度，大力提升了内容质量。

从融资额来看，2018 年上半年的状况与 2017 年同期大致相同。但主要融资对象开始向大的直播平台集中，其中斗鱼（图 13-1）和虎牙的融资总额占整个行业融资总额的 7 成左右。

观看直播的人数仍然持续保持高位，网络直播主播指数增长明显，越来越多的新人主播加入直播行业中，这也为直播内容精品化提供了新的动力。

图 13-1 斗鱼直播平台

可以看到，直播平台依然在持续向上发展。对于运营者来说，直播平台的门槛并不高，只要拥有一技之长，或者是有优质的直播内容，都可以通过直播平台实现价值变现。当然，与其他新媒体平台一样，直播平台的运营同样需要讲求一定的方法和技巧，这是成功运营直播平台的关键。

二、短视频重新火爆

在直播兴起的同时，短视频也重新崛起。如果按照"资历"来算，短视频至少要比直播早上十年，但在十年前，短视频却并没有像今天这样大红大紫。短视频之所以能在 2017 年成为内容领域的新风口，一方面是由于用户需求的改变，另一方面则是基于软件和硬件技术的发展（图 13-2）。

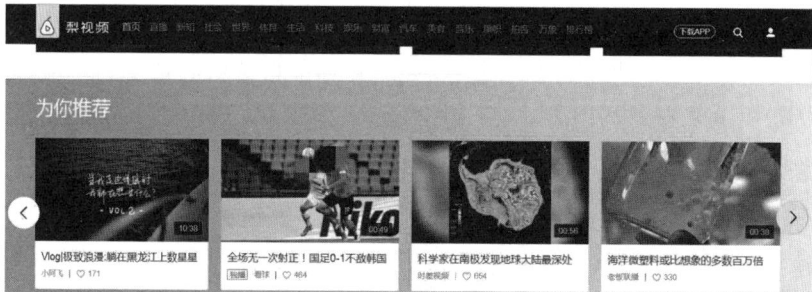

图 13-2 短视频平台

利用碎片化时间观看短视频已经成为很多人的生活方式。从市场调查数据来看，2016 年中国短视频市场的用户规模已经超过 5000 万，而到了 2017 年 1 月底，用户规模则变成了 1.3 亿，到 2018 年 6 月，这一数字又变成了 5.94 亿。

在 2016 年，短视频行业共完成 50 笔融资，其中在内容创业领域共产生 30 笔融资，融资规模达到 53.7 亿元。

短视频的火爆吸引了众多资本大咖入场——腾讯领投快手、百度投资天天美剧、阿里设立大鱼奖金。资本注入让短视频行业发展速度加快，同时也加剧了短视频行业的竞争。

到了 2018 年，短视频行业呈现出融合加速的态势，"短视频 + 直播""短视频 + 电商""短视频 + 音乐""短视频 + 社交"，越来越多的创新模式出现，进一步促进了短视频行业的深度发展。

从当前发展形势来看，短视频行业正在朝着更为垂直、更为专业的内容创作方向发展。对于运营者来说，避免跟风、模仿，创作出自我品牌的短视频内容，是实现短视频平台价值变现的关键。与此同时，短视频与其他行业的加速融合，也为更多不同行业的从业者利用短视频实现价值变现提供了可能。

作为新兴新媒体平台，直播和短视频还在持续发展中，在未来几年还会出现新的变化。运营者如果想扎根于直播和短视频平台，就要持续关注这种变化，及时掌握新动向。市场形势瞬息万变，谁能率先把握住变化，紧跟潮流，谁就能走在行业的最前沿。

直播、短视频平台的痛点和风口

直播和短视频平台的爆发式增长威胁着长视频的发展。从当前境况来看，长视频只能在直播和短视频之间求生存。

虽说直播和短视频平台正在以火箭般的速度发展，但仔细分析，直播和短视频的发展也并不是一帆风顺的，一方面是根基还不牢固，另一方面是其自身还存在着许多痛点。

之所以将直播和短视频平台放在一起介绍，正是因为二者都面临着同样的痛点。有人形容这些痛点为"两座大山"。直播和短视频平台想要持续发展，就要先考虑如何面对这"两座大山"。

一、盈利困难，周期长

盈利难是直播和短视频平台面临的第一座大山。从平台角度来看，除了用户付费打赏外，大多数平台还没有探索出真正健康的盈利模式。以"映客直播"为例，虽然其拥有直播和广告两种业务，但其盈利收入差不多完全来自直播。

缺少广告投放并不是因为平台流量不足，而是因为移动端直播设备的屏幕尺寸有限，如果植入大量广告，会影响到用户观感和体验，引发用户反感。这种做法不仅会让平台赚不到钱，同时还会造成平台客户流失，可以说是得不偿失。这也是整个移动端视频平台的通病。

在 2018 年上半年，完成融资的直播平台只有 8 家，那些没有获得融资的平台正在逐渐销声匿迹。可以想象，在不久的将来，直播行业和短视频行业也将会进入寡头时代。

　　盈利难同样是平台运营者需要面对的问题。无论是在直播平台，还是在短视频平台，无论内容质量多好，拥有粉丝多少，如果没有有效的变现手段，运营者依然无法真正依靠平台为自己创造价值。

　　当前大多数平台上的知名主播会和平台签约，由此可以获得较为稳定的收入。而大多数没有与平台签约的主播，则更多只能依靠粉丝打赏等方式获得收益。

　　相比于直播平台，短视频平台的盈利更为困难。像papi酱那样受到广告主青睐的内容创作者毕竟是少数。大多数短视频创作者一方面要负担高昂的制作成本，另一方面还要拼命寻找广告资源。同时，他们还要平衡好广告和内容的搭配，如果广告影响到受众的体验，那无疑是一种引火上身的行为。

　　所以说，无论是对于平台，还是对于内容创作者，实现商业变现，获得盈利，都是一个痛点。如何平衡内容质量和商业变现的关系？如何获得更多用户流量？如何持续稳定获得盈利？这些都是平台和内容创作者需要思考的问题。

二、监管严格，管控多

　　不仅是直播和短视频平台，当前整个娱乐行业都处于政府严格的监管之下（图13-3）。因此，在监管日趋严格的情况下，直播和短视频平台的运营者要遵守法律法规的要求，把握好内容的正确导向。

　　运营者要在内容运营方面多下功夫，在保证直播内容丰富和高质的基础上，继续探索新形式、新内涵的内容。

《关于加强网络直播服务管理工作的通知》
规定的网络直播服务提供者的主体责任

| 1 备案及许可 | 2 实名制 | 3 内容审核制度 | 4 内容、日志信息留存 | 5 信用体系与黑名单 | 6 隐私保护 |

图 13-3　政府对直播和短视频平台的监管

　　监管之所以会成为直播和短视频平台发展的痛点，是因为许多运营者最初在监管不严的情况下，依靠一些"擦边球"内容来吸引用户关注，由此获得了一些用户流量。但随着监管变严，"擦边球"的内容被禁止，运营者由于无法创作出优质内容，导致粉丝数量流失。可见，归根结底，还是内容创作方面出了问题。

三、缺少优质内容，内容同质化

从当前短视频行业的发展现状来看，优质内容的生产速度已经无法满足用户越来越高的心理需求。平台必须通过一些营销手段来不断挖掘内容创作者的创意和潜力，推出精致化的娱乐内容，并减少内容上的同质化，这样才能增加用户黏性。

一些平台为了更多地抢占市场，采取了各种手段扶持内容创业者。腾讯微视以补贴的方式激励内容创作者，今日头条则是找来很多明星为平台代言。然而，这些举措并不能从根本上解决内容创作上的问题。无论是平台，还是运营者，没有优质内容，就很难长久地发展下去。

盈利难和监管严是直播和短视频平台不可避免的两大痛点，相比于监管问题，盈利难题对于平台和内容创作者来说更为紧迫。相比于长视频，直播和短视频因碎片化特点，使得广告植入成为一件难事。传统形式的广告植入会影响传播效果，平台和运营者必须要寻找新的盈利路径。

直播平台运营成功案例

伴随着直播平台的火热，越来越多的企业选择通过直播来宣传自身品牌。相比于传统媒体渠道和一些新媒体渠道，低门槛和话题流量是吸引广告主的关键因素。

2016 年是直播平台井喷式发展的一年，也正是这一年，涌现出了许多直播平台营销事件。下面主要介绍一些热度较高的直播案例。

一、"洪荒少女"的映客首秀

映客直播拥有庞大的用户量，而作为奥运赛场上的"洪荒少女"傅园慧同样热度非凡。傅园慧在映客上的首次直播，仅半个小时，就累积了 800 多万粉丝。到节目结束，总观看人次更超过 1000 万次，轻轻松松就突破了映客直播的历史记录。

在整个直播中，傅园慧金句不断，不仅现场直播吃蛋糕，更是大谈八卦、笑料。面对网友送上的礼物，傅园慧直言让粉丝自己留着钱买零食，或者去救助那些流浪的小猫小狗。毫不做作的风格为她吸粉无数，更为映客直播带去了庞大的用户流量。

映客直播此次选择热点人物进行直播营销，直接抓住了粉丝的心理需求。虽然无法与偶像面对面交流，但隔着屏幕时时交流也是非常不错的。正是基于此，粉丝才愿意花钱、花时间去观看直播。

二、《鲁豫有约》"首富的一天"

2016 年 5 月 28 日，《鲁豫有约》第一次网络直播，选择了与当时的亚洲首富王健林合作，通过熊猫 TV 平台展开了一场直播。直播的主要内容就是《鲁豫有约》栏目对王健林展开跟拍计划，通过直播的方式，在直播平台上展现王健林一天的工作和生活（图 13-4）。

图 13-4 《鲁豫有约》"首富的一天"（视频截图）

跟拍并不稀奇，直播也不算是个新鲜事。但对于《鲁豫有约》栏目来说，以直播的形式播放节目，却是其新媒体探索的重要一步。《鲁豫有约》作为传统媒体栏目，尝试以直播形式更好地迎合市场变化，这可以看作是传统媒体的一种自我探索。

无论是对直播平台和直播人物的选择，还是对直播内容和角度的考量，这场"首富的一天"节目都颇具话题性。在私人飞机上打牌，在自己儿子的平台上首秀，王健林确实为儿子的直播平台引流不少。

有人认为"直播是流量红利接近终点的疯狂"。我们无法判断这一观点是否正确，但其对直播平台商业价值的评价却是十分准确的。此次《鲁豫有约》和王健林的网络直播首秀，为熊猫 TV、鲁豫新媒体、网易新闻和万达游乐城都做出了极好的效果反馈，成功制造出了现象级事件。

当然，在直播过程中出现的黑屏、卡顿等现象，也使得此次直播的体验有些瑕疵。但作为一次过程并不完美，结果却出奇得好的直播活动，《鲁豫有约》的这次尝试可以算得上是比较成功的。

三、papi酱直播首秀

作为 2016 年的自媒体第一网红，papi 酱怎么能错过直播这块大蛋糕呢？Papi 酱的爆红源自短视频内容的火爆。从这一点来说，papi 酱应该算是短视频商业变现第一人。

在 2016 年 7 月，papi 酱通过 8 大直播平台进行了自己的直播首秀。在首次直播中，papi 酱不仅延续了短视频中的搞笑风格，还与粉丝分享了自己生活中遇到的问题。凭借着超高的人气和话题度，在不到 90 分钟的直播中，有超过 2000 万网友在线围观。虽然舆论对于 papi 酱的表现褒贬不一，但从数据上来看，直播效果还是非常优秀的。

四、巴菲特的全球股东大会

只要遵守平台规则，合乎法律法规的要求，似乎没有什么是不可以直播的。2016 年 4 月 30 日，伯克希尔·哈撒韦公司的股东大会面向全球直播。一个公司的股东大会能够受到全球关注，只是因为职掌这家公司的人是沃伦·巴菲特。或许连巴菲特本人也没想到，自己会成为网络直播的主角（图 13-5）。

图 13-5　沃伦·巴菲特和查理·芒格（视频截图）

这场大会在雅虎上进行的网络直播，同时官方还提供同传翻译，国内包括优酷、新浪和网易等多家媒体都纷纷报道了这次股东大会。根据优酷方面的数据统计，在 7 小时的直播中，有超过 34 万人聆听了这次股东大会。此外，在喜马拉雅 FM 上，秦朔朋友圈"巴菲特大会现场独家报道"的音频播放量也达到了 12.4 万。

巴菲特的全球股东大会直播充分说明了只要是优质内容，就会在直播平台上获得流量和关注。或许正是从那时开始，知识付费开始以视频直播的形式流传开来。

直播和短视频运营在近两年来出现了一些新的变化。但无论在形式上怎么变化，其运营本质始终没有改变，"内容为王"对于新媒体创业者来说依然是至高准则。只不过在竞争日趋激烈的内容市场上，想要让自己的优质内容脱颖而出，运营者需要付出更多的努力。而这些努力就是用户运营、活动运营等其他运营方式的组合。

新媒体运营是一项系统而复杂的工作，单一运营者或是单一平台运营都很难取得太大效果。对于运营者来说，掌握系统的运营知识，找到明确的市场定位，看清当下的趋势风向，是新媒体运营工作成功的关键。

新媒体行业要经历的变革还会很多，新媒体运营者要走的路也还很长。